3 1994 01341 4393

9/07

SANTA ANA PUBLIC LIBRARY

P9-DWA-014

EL NIÑO Y SU MUNDO

50 consejos para convivir mejor con tus hijos adolescentes

Debra Hapenny Ciavola

SP PARENT 649.125 CIA
Ciavola, Debra Susan Hapenn
50 consejos para vivir
   mejor con tus hijos
   adolescentes

$17.95
31994013414393

NEW HOPE

ONIRO

Título original: *50 Great Tips, Tricks & Techniques to Connect with your Teen*
Publicado en inglés por New Harbinger Publications, Inc.

Traducción de Joan Carles Guix

Diseño de cubierta: Valerio Viano

Distribución exclusiva:
Ediciones Paidós Ibérica, S.A.
Mariano Cubí 92 - 08021 Barcelona - España
Editorial Paidós, S.A.I.C.F.
Defensa 599 - 1065 Buenos Aires - Argentina
Editorial Paidós Mexicana, S.A.
Rubén Darío 118, col. Moderna - 03510 México D.F. - México

Quedan rigurosamente prohibidas, sin la autorización escrita de los titulares
del *copyright*, bajo las sanciones establecidas en las leyes, la reproducción total
o parcial de esta obra por cualquier medio o procedimiento, comprendidos
la reprografía y el tratamiento informático, y la distribución de ejemplares
de ella mediante alquiler o préstamo públicos.

© 2003 by Debra Hapenny Ciavola

© 2005 exclusivo de todas las ediciones en lengua española:
    Ediciones Oniro, S.A.
    Muntaner 261, 3.º 2.ª - 08021 Barcelona - España
    (oniro@edicionesoniro.com - www.edicionesoniro.com)

ISBN: 84-9754-157-X
Depósito legal: B-3.201-2005

Impreso en Hurope, S.L.
Lima, 3 bis - 08030 Barcelona

Impreso en España - *Printed in Spain*

Índice

Primera parte

¿Qué pasa realmente por la cabeza de tu hijo adolescente?

Disfruta de tu hijo

Cuando la hija mayor de Jane tenía seis meses, leyó en una revista sobre paternidad: «A estas alturas, deberías de estar disfrutando de tu bebé». Aunque Jane quería con locura a su hija y pasaba horas y más horas mimándola y jugando con ella, jamás se había planteado «disfrutar» del simple placer de tener aquel tesoro en su vida. Pues bien, lo mismo ocurre con los años de la adolescencia. Quieres con locura a tu hijo y dedicas buena parte de tu energía a guiarlo. Ha llegado el momento de gozar del florecer de esta maravillosa persona a la que has criado y alimentado durante tantos años.

Observarlo es sensacional: explorando su mundo, haciendo sus pinitos en diferentes roles sociales y desarrollando un fino sentido del humor, aun cuando, en ocasiones, su misma simpleza sea de por sí una extraordinaria fuente de risas. Su habitación es un caos y la música suena a todo volumen. ¡A veces, incluso podrías pensar que lo que en realidad estás criando no es un adolescente, sino un animal!

Por muy salvaje que pueda ser este período, presta atención a sus cualidades y recuérdaselas a diario. Puedes decir: «Me gusta cómo ríes», o «Es extraordinario que siempre estés dispuesto a echar una mano a tus amigos cuando la necesitan». Mientras tu hijo va descubriendo su lugar en el mundo, le puedes ayudar a alcanzar su máximo potencial. Aun en el caso de que estés muy ocupado, busca momentos para comer juntos o incluso pasear al perro juntos. Descubre sus esperanzas y sus sueños. Da rienda suelta a tu imaginación y pregunta algo así como: «Veo que te gusta la historia. ¿Crees que te gustaría seguir hurgando en el pasado cuando te hayas graduado?». Es probable que no tenga ni idea de lo que le estás diciendo hasta que establezcas un vínculo entre su amor por la historia y trabajar en un museo, la arqueología o incluso ahondar en el árbol genealógico familiar.

Llegados a este punto, es posible que a tu hijo adolescente no le apetezca lo más mínimo hablar de historia, sino que esté concentrado en su futura carrera como estrella del rock. No pongas los ojos en blanco ni suspires. Sigue el hilo de la conversación y dale a entender que comprendes sus inquietudes. «Desde luego, veo que lo has meditado. Quieres ser una estrella del rock y viajar por todo el mundo.» A través de sus ideas casuales tienes la oportunidad de conocer sus fantasías y deseos. Compartirlos con él es celebrar su vida y también la tuya. Aunque es posible que sus fascinaciones de hoy no se parezcan en nada a las que sentirá en el futuro, sus sueños revelan una infinidad de posibilidades.

Empieza por considerar los descubrimientos sobre sí mismo de tu hijo como auténticas maravillas. Al igual que lo hacía aprendiendo a andar y a hablar, ahora está intentando de nuevo dominar el mundo. De vez en cuando, deja que sea él el maestro y tu el discípulo. Comparte lo que está estudiando en el instituto y muéstrate orgulloso de que esté aprendiendo algo nuevo. Haz un especial hincapié en lo que hace bien y anímalo a perseverar. Si demuestra generosidad con un amigo compungido, dale la enhorabuena por saber escuchar. Si acude al profesor para que le ayude en una asignatura, aplaude su capacidad de recursos. E incluso si no consigue una plaza en el equipo de baloncesto o un papel en una obra de teatro, reconoce su decisión de haber intentado algo que otros muchos han dado por perdido sin siquiera despeinarse.

Es un verdadero placer asistir al desarrollo de un adolescente. Admira sus aventuras, ríete con sus ocurrencias o participa de su emoción cuando sale disparado por la puerta para asistir a un concierto. Tu hijo está evolucionando y descubriendo su finalidad en la vida. El proceso tal vez te deje exhausto, pero estos años transcurrirán rápidamente a medida que vaya creciendo, explorando y revelando todas sus esperanzas de futuro. No le falles.

El misterio oculto

Correr riesgos, olvidarse de estudiar para un examen o permanecer con el teléfono pegado al oído y hablando sin parar hasta la una de la madrugada... ¿te suena?

Durante años, los padres y los científicos han culpabilizado a las hormonas del comportamiento arriesgado y la falta de juicio de los adolescentes. Pero estudios más profundos y una tecnología más avanzada, han permitido llegar a la conclusión de que no se trata del flujo de hormonas, sino del proceso de maduración del cerebro, que tiene que seguir desarrollándose para superar los futuros desafíos de la edad adulta. Aunque el cerebro de tu hijo está compuesto de muy diferentes secciones, la última área en desarrollarse es precisamente la que estabiliza las emociones y controla la capacidad para tomar decisiones importantes. Ésta es la razón por la que podrías ver a tu adolescente intentando decidir, con evidentes dificultades, si debe hacer los deberes, llamar a un amigo o ir de compras a por unos vaqueros.

Al igual que un ordenador, los circuitos de tu hijo deben instalarse y descargar el software, y esto se consigue mediante el crecimiento de miles de millones de células nerviosas que potencian la inteligencia, la reflexión y la consciencia de uno mismo y de los demás. A medida que tu hijo vaya quemando etapas en su adolescencia, la calidad de sus experiencias determinará qué células disminuirán en número y cuáles permanecerán o incluso se multiplicarán. Si muestra interés por los deportes, actividades escolares, hobbies o alguna disciplina académica específica, elegirá sobre la base de aquellos circuitos, 'tales como graduarse en el instituto o aceptar un empleo con interesantes expectativas. Si permanece sentado frente al televisor durante largas horas o es un adepto a los videojuegos, estas células serán las únicas que determinarán si irá al instituto, participará en los proyectos de la comunidad o se sentirá motivado. La forma en la que el adolescente interactúe con el entorno influirá en su comportamiento durante el resto de su vida.

Tu hijo tiene el poder de determinar el desarrollo de su propio cerebro eligiendo actividades que lo estimulen y propicien el pensamiento crítico. Ayúdalo a convertirse en la persona que ambos habéis soñado realizando un esfuerzo consciente para crear situaciones excitantes.

Haz un esfuerzo diario y consciente para motivarlo y darle a entender que crees en aquello en lo que se está convirtiendo. Estos sentimientos positivos le ayudarán a aprender, crecer y retener las células nerviosas necesarias para el éxito.

Para ayudar a tu hijo adolescente a adiestrar su cerebro en la dirección correcta, ten en cuenta los consejos siguientes:

- Sugiérele que practique un deporte o ejercicio físico en el gimnasio tres veces por semana durante cuarenta y cinco minutos.

- Llévalo a museos, acuarios o incluso al zoo.

- Id juntos al cine para ver una película extranjera.

- Introdúcele en juegos de estrategia (ajedrez, damas, etc.).

- Pasad unas cuantas horas al mes en una biblioteca.

- Jugad al bridge o cualquier otro juego de naipes complejo.

- Visitad enclaves históricos.

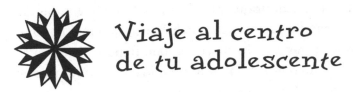

Viaje al centro de tu adolescente

«Pero ¿quién se ha creído que es este niño?», te podrías preguntar cuando tu hijo te replica con descaro. Tal vez intentes adivinar cómo ha pasado de hacer monerías en tu regazo a convertirse en un adolescente henchido de emociones. Curiosamente, ¡tu hijo se siente tan confundido como tú!

Está cambiando rápidamente externa e internamente. Hasta los once años, tu hijo o tu hija tenía un equilibrio entre estrógenos y testosterona, pero con la llegada de la pubertad, estos ratios cambian, con un significativo aumento de testosterona en tu hijo, hasta quedar prácticamente eliminada en tu hija, cuyos niveles de estrógenos se incrementan minuto a minuto. Llorará con más facilidad.

Pero en estos momentos también habrás observado otros cambios. Tal vez haya pintado su habitación de un color chillón para sustituirlo por otro más estridente si cabe a los pocos meses. Un montón de fotografías y pósters de estrellas del rock, ídolos deportivos o actores predilectos se acumulan en cada milímetro de pared, mientras la ropa limpia se mezcla con la sucia y se esparce por el suelo. Deseará que respetes este *sancta sanctorum* tan personal, y se mostrará muy enojado si cambias de lugar un objeto o aseas la habitación. Los portazos harán temblar la casa, dejará arrinconados los deberes y aquella música que te pone de los nervios sonará a voz en grito en el coche, cuando no puedas escapar. La factura de la comida se multiplicará por dos, lo encontrarás durmiendo pasadas las doce del mediodía y tendrás dificultades para despegarlo del teléfono. Las largas horas frente al espejo no impedirán que siga pensando que alguien está mirando aquel grano en el mentón, y a menudo se sentirá extranjero en su propio cuerpo.

Las materias escolares de tu hijo adolescente son más complicadas, y no tardas en descubrir que ya no puedes ayudarlo con sus deberes. Le preocupan los cambios corporales, le gusta tomar interminables duchas mientras escucha música a todo trapo y piensa constantemente en el sexo opuesto. La comida rápida se ha convertido en «comida de grupo», y la pizza es algo imprescindible que hay que comer a las dos de la mañana. Lo necesario debe ser siempre inmediato, y lo inmediato, antes si cabe.

Con frecuencia, tu hijo saldrá de casa y reinará la paz en el hogar. No puedes prever todo cuanto va a encontrar, pero intenta gozar de la andadura. Veamos algunos consejos al respecto:

- Respeta la necesidad de espacio y privacidad de tu hijo.
- Deja que su habitación sea una expresión de sí mismo.
- Pon límites a la duración de las llamadas telefónicas.
- Sé justo; espera y exige lo mismo de tus hijos que de tus hijas.
- Procura no avergonzarlo delante de sus amigos.
- Desempolva y comparte con él tus viejos discos de los Beatles y los Monkees.
- Explica historias divertidas de cuando tú eras adolescente.

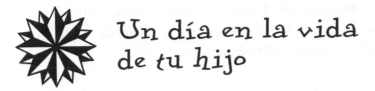

Un día en la vida de tu hijo

Echa una ojeada al programa de un día cualquiera de Lauren, una chica de dieciséis años.

6.20—¡Ha sonado la alarma del reloj despertador! ¡Qué sueño! Otro día igual...

6.25—Voy al baño. ¡Un momento sacrosanto! Mientras me ducho pienso en lo que voy a ponerme y en lo que estuve hablando ayer con mis amigas. Pienso en los deberes que tendré que hacer durante el almuerzo. Ayer por la noche estaba demasiado cansada. Así que, ¡que nadie me moleste! ¡Estoy meditando! En cualquier caso, no te oiré; he puesto la música a tope.

7.00—Estoy delante del espejo y, transcurridos quince minutos, decido qué ponerme. Luego el maquillaje. Sinceramente, lo odio. Quién sabe por qué hay que llevarlo... Tal vez me sienta más segura de mí misma.

7.40—¡Vaya por Dios! Después de cuarenta minutos de preparativos voy a llegar tarde.

7.50—Llego a la escuela con el tiempo justo para pasar por mi taquilla y toparme con Courtney antes de la clase de francés. Parece loca esta mañana. Me cuenta el motivo y le digo que no es para menos.

9.05—Tercera hora, química. ¡No, por favor! Dejo la sudadera en la taquilla. Espero no llegar tarde; el profe es terrible. ¡Justo a tiempo!

Me siento. ¡Lo conseguí! ¡Estúpidas reglas escolares...! Resolvemos problemas en la pizarra. Me paso el tiempo hablando con Kevin y Ashley. ¡Pobre compañero de laboratorio...!

10.30—Clase de mates. Es uno de los profesores más raros del instituto. Nos sentamos y pasamos la hora riéndonos de sus zapatos verde guisante. ¡Es genial!

11.20—Espero a Mandy y nos quejamos de todo.

11.25—No quiero ir a la clase de gimnasia. Una semanita más y... ¡vacaciones! Por el momento, sueño con los viernes, sábados y domingos. ¡Resignación! De acuerdo, de acuerdo... a gimnasia. Por suerte, me peleo dialécticamente con Bryan y se pasa la hora como si tal cosa (gano yo, claro).

13.05—Historia. Detesto esta asignatura. Mientras vemos la película *Glory*, hablo con mis amigos. Christine y yo flirteamos con Rob, y conseguimos que se ruborice.

14.00—Este profe nos odia. No he hecho nada de nada para hoy, y había mucho... ¡Ataque de ira al cuadrado! Se le pasará, como siempre, y luego a jugar al ahorcado en la cubierta del libro, que anda el pobre hecho un asco con tanto garabato. Me siento junto a Charles porque (¡sorpresa! ¡sorpresa!) no ha traído su libro. Se supone que estamos leyendo, pero en realidad charlamos y charlamos. ¡Por fin suena el timbre!

15.15—Música. No me gusta. A montar la orquesta... quince minutos. ¡Bombos y platillos por doquier! Desmontar la orquesta y guardar los instrumentos... otros quince minutos. Se pasa la hora volando, oye...

18.00—Por fin a casa para cenar. Empiezo los deberes, y una hora más tarde llama Dave. Hablamos veinte minutos y después de nuevo los deberes. Termino a las 22.00. ¡A la cama!

Suena el reloj y un nuevo día comienza..., repetitivo, siempre repetitivo y rutinario. Levantarse con la alarma del reloj crispa los nervios. Habría que tirarlo a la basura. Pensamiento del día: ¿Te has dado cuenta de que los cortes del fluido eléctrico siempre se producen de día y no de noche? En tal caso la alarma no sonaría. ¡Es una conspiración!

Leer entre líneas

Tarde o temprano, todos los adolescentes se comportan de formas que dan mucho que pensar. Preocupan. La mayoría de estos comportamientos son temporales; apenas duran un par de días o una semana. Pero si se prolongan, mantén bien abiertos los canales de comunicación para que tu hijo se sienta más cómodo a la hora de recurrir a ti si es necesario.

Jennifer tenía quince años cuando su padre y su madre empezaron a advertir que, después de la escuela, se pasaba la tarde en su habitación. Bajaba para cenar, pero sólo picoteaba un poco, aun en el caso de que se tratara de su plato favorito. No tenía apetito. Le llamaban sus amigos, pero prefería quedarse en casa, escuchando la misma música una y otra vez. Un día, después de marcharse a la escuela, su madre decidió asear la habitación con la esperanza de dar con la clave de su comportamiento. Hurgando por ahí, ¡cielos!, una notita entre los CD. Decía lo siguiente: «La vida apesta. Me importa un comino lo que ocurra».

Muchos padres creen que la habitación de sus hijos es sagrada, pero si estás preocupada, todo vale. El bienestar de tu adolescente es primordial, aun en el caso de que haya que controlar su espacio personal. La mayoría de los comportamientos de los adolescentes no son causa de preocupación, aunque no está de más saber qué páginas de Internet suele frecuentar y con quién se pasa horas hablando por teléfono. Fíjate en sus programas preferidos de televisión o en las películas que más le gustan, sin olvidar lo que lee o la música que escucha.

Dado que las emociones se almacenan en el cerebro, uno de los primeros factores para comprender los pensamientos más ocultos de tu hijo puede ser el lenguaje corporal. Observa los hombros, adónde dirige la mirada y cómo sube por las escaleras. La postura representa su espacio físico y es la imagen reflejada en el espejo de cuanto está aconteciendo en su interior.

Empieza dando por supuesto que tu hijo está bien, pero que necesita dormir más o un mayor equilibrio en su vida, pero si la bandera roja del aislamiento sigue ondeando y la actitud de frustración persiste aun después de haber disfrutado de un prolongado descanso, ¡atento! Presta atención a los cambios en el comportamiento y busca unos minutos de tranquilidad para hablar con él de sus preocupaciones. En cualquier caso, no pierdas la esperanza: es posible que las señales de alarma que estás oyendo no sean realmente señales, sino necesidad de proximidad y relación.

Los siguientes comportamientos pueden parecer extraños al principio, pero a decir verdad se deberían considerar como «signos de bienestar»:

■ Tu hijo pasa la mayor parte del tiempo encerrado en su habitación, hablando por teléfono o escuchando música.

■ Tiene un apetito voraz... si se trata de comida rápida. En ocasiones no viene a comer o a cenar y lo hace en el restaurante *fast food* con sus amigos.

■ Duerme hasta mediodía después de haberse acostado a las tantas de la noche.

■ Tiene cambios en su estado de ánimo, con una correlación directa entre falta de sueño y escasa tolerancia a la frustración.

■ Discute y desafía tus decisiones con técnicas de resolución de problemas.

Si tu hijo adolescente exhibe más de tres de estas «señales de preocupación», busca ayuda profesional:

- Aumento o disminución de peso en tres o cuatro kilos.

- Dificultad para conciliar el sueño o para dormir ininterrumpidamente.

- Cambios rápidos de humor a diario.

- Se aísla de los amigos y la familia.

- Menor rendimiento escolar.

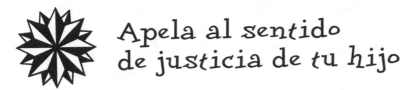

Apela al sentido de justicia de tu hijo

«¡No es justo!», grita, encerrándose en su habitación con un sonoro portazo. Acabas de explicarle por qué no puede llegar más tarde del «toque de queda» familiar cuando va a una fiesta. «¡Los demás padres les dejan!», se le oye decir desde su cuarto.

Incluso de pequeño, tu hijo tenía un acusado sentido de lo que era justo y equitativo: «¡Mamá, Jim ha cogido el pedazo de tarta más grande!». «Alice ha entrado en el equipo, y ni siquiera se ha entrenado.» Este sentimiento tiene su origen en una conciencia innata de la diferencia entre necesidades y deseos. Hay una gran diferencia entre «Necesito que me escuchéis» y «Quiero unas nuevas zapatillas deportivas». En consecuencia, merece la pena hurgar un poco en lo que subyace en sus exclamaciones y airadas protestas de que no es justo. Cuando dice: «Todos pueden estar fuera hasta medianoche», el mensaje subyacente puede ser: «Necesito que me dejéis llegar a casa más tarde para poder integrarme en este grupo de amigos».

El sello de identidad de la justicia es la predecibilidad. ¿Eres coherente con tus expectativas y exigencias de comportamiento en circunstancias similares? A menudo confundes el sentido de la equidad de tu hijo y es esencial dejar que tire de la cuerda hasta donde desee hacerlo. Sin embargo, es igualmente importante recordar que ser justo no significa necesariamente ser igual. Seguro que no todos tus hijos tienen la misma hora de acostarse, ni siquiera los mismos privilegios. ¿Has caído en la cuenta? Reflexiona.

Tu adolescente necesita saber que todo cuanto le pides también se lo pides a los demás. Empieza reuniendo a la familia para decidir juntos lo que consideraréis justo en casa. Manifiesta tu compromiso de mantener todas tus expectativas por un igual y sugiere algunos comportamientos que podrían fomentar la paz en el hogar, como por ejemplo, establecer las mismas reglas para todos:

Por naturaleza nos sentimos atraídos por lo que es justo y equitativo, y el sentido de justicia puede ser una buena forma de evaluar el mundo a través de las lentes de lo que es correcto y de lo que no lo es. Para ser justo hay que ser recto y honesto. Un adolescente dijo a su padre: «Escúchame papá. Sólo quiero darte mi opinión. Después de todo, cuando hablas quieres que te preste atención». Su padre pensó en ello durante algunos días y sacó de nuevo el tema. «He reflexionado sobre lo que me dijiste el otro día, Peter. Te obligo a escucharme, pero no siempre te escucho a ti, y esto no es justo. Procuraré corregir mi comportamiento.» Obrar con justicia crea seguridad y respeto en vuestra relación y evita que tu hijo se oponga por principio a tus deseos. Se siente más comprendido.

Formúlate las siguientes preguntas para verificar tu grado de justicia:

- ¿Escuchas a la otra parte?

- ¿Son predecibles tus reglas y reacciones?

- ¿Obligas a tu hijo a escucharte sin escucharlo a él?

- ¿Eres coherente?

- ¿Se aborda de una forma justa cualquier aspecto injusto en vuestra relación?

Mediante la equidad, ofreces un entorno seguro a tu adolescente y un ejemplo que le permite medir su propio comportamiento. Y lo más importante, tu sentido de lo justo le da a entender que puede contar contigo en cualquier momento y en cualquier circunstancia.

Evita las malas compañías

Mary oyó a su hijo Dylan decir a su amigo por teléfono: «Será una fiesta estupenda. Sin padres a la vista. ¿A qué hora quieres que pase a buscarte?». Mary temía que su hijo acabara teniendo problemas. Mes a mes, Dylan iba dejando atrás sus valores, creencias y expectativas de futuro, y se apegaba más a sus amigos. Resuelta a averiguar lo que estaba ocurriendo, decidió entrar en su habitación.

Las relaciones de amistad de tu hijo son esenciales por muchas razones. Contribuyen a modelar su identidad, a sentar las bases del aprendizaje en el establecimiento de límites en relación con los demás, y a enseñarle el significado del respeto y la compasión, además de proporcionarle intimidad emocional. Es posible que te sientas preocupado por la importancia que el adolescente otorga a estas relaciones, pues temes que sus amigos puedan persuadirle de ir abandonando poco a poco su sentido de la responsabilidad, que se vea envuelto en dificultades y que todo ello derive en conflictos en casa. Sin embargo, sus interacciones con los amigos actúan a modo de puente entre jugar al balón en el parque y el juego de la comunicación interpersonal en las relaciones adultas en casa, el trabajo y las situaciones sociales.

Tu hijo tiene amigos íntimos, buenos amigos y conocidos. Asimismo, es uno más entre una multitud, incluso entre muchas multitudes, de adolescentes con muy diferentes pautas de comportamiento. La pertenencia a un grupo es crucial para el bienestar del adolescente e incide en la aceptación o rechazo por parte de sus iguales.

Ahí entras tú. Puedes marcar la diferencia. Un fuerte vínculo contigo es diez veces más poderoso que la influencia de sus amigos. Cuanto más indisoluble sea su relación contigo, mejor responderá ante los demás. Si sabe que cuidas de él y que harías lo imposible para cuidar esa conexión, su comportamiento se ajustará a tus expectativas.

Para limitar la influencia de malas compañías, procura desarrollar una buena relación con tu hijo, dándole a entender claramente que nunca estarás demasiado ocupado para hablar con él. Pregúntale qué asignaturas le gustan y con quién habla entre clase y clase. Sus respuestas te permitirán profundizar un poco más en su vida y en las personas que acepta como amigos. Convierte tu hogar en un lugar de reunión de su grupo de amistades donde tomar un refresco y pasar un rato agradable. Entabla relaciones con sus padres; pueden ser un referente que te ayude a crear una paridad en las reglas a las que debe adaptarse tu hijo en su casa y en la tuya para minimizar los conflictos y potenciar el acuerdo. Amplía el círculo de sus amigos incluyendo a algunos de tus amigos adultos o miembros de la familia en sus actividades. Algunos de los adolescentes más responsables tienen como amigos a sus padres, con los que comparten su vida y sus experiencias cotidianas y que intentan aconsejarlos cuando surge una dificultad.

Recuérdale la importancia de pensar con autonomía y mantenerse fiel a sus propios valores independientemente de los de sus amigos. Enséñale a interpretar sus reacciones identificando expresiones faciales y anímalo a sonreír más, sobre todo a la hora de establecer límites con su círculo de amigos. Explícale con claridad aquello en lo que crees y aprende a recompensar la compasión, generosidad y consideración para con sus semejantes.

Dale alas
y vuela con él

Sherry había decidido que de mayor sería veterinaria como su padre. Había tenido en casa innumerables mascotas, incluyendo serpientes, tortugas, hámsters, ratones, pájaros, gatos y perros. En una ocasión, su padre le preguntó si desearía trabajar un día con él. Tras ocho horas atendiendo a animales, decidió que dedicaría su vida a la medicina. Con la ayuda de su padre, Sherry consideró necesario aumentar las horas de ciencias y matemáticas en su programa de estudios, ingresó en la Asociación Americana de Futuros Médicos y buscó un trabajo a media jornada en un laboratorio. Poco a poco iba adquiriendo la experiencia necesaria para hacer realidad sus sueños.

Es importante orientar al adolescente, paso a paso, hacia sus aspiraciones. En este sentido, tu ayuda es fundamental. Nunca es demasiado tarde para evaluar lo que necesitaría para conseguir una plaza en el instituto o universidad que haya elegido. Averigua cuál sería su trabajo perfecto y hasta qué punto contribuiría a su sentido de la realización personal. Incluye preguntas tales como «¿Cuántas horas semanales te gustaría trabajar?», o «¿Cuánto querrías ganar?». Cuéntale cómo cambiaste varias veces de carrera o de trabajo, e incluso lo que harías diferente si pudieras volver atrás. Explícale cómo aprendiste a establecer objetivos y tu compromiso para alcanzarlos.

A partir del conocimiento que ambos hayáis adquirido en relación con sus metas, analizad las alternativas. Explorad juntos los requisitos necesarios para poder cursar la carrera de sus sueños. Habla con algún conocido que ejerza esta profesión, busca información en Internet, etc. Tal vez prefiera olvidar la universidad y matricularse en una escuela de negocios. ¿Cuáles son los requisitos de acceso? Averígualo y examinad juntos sus posibilidades.

A medida que se aproxime el momento de la gran decisión, ayúdalo a determinar si le gustaría asistir a una universidad local o de otra ciudad. También es importante la envergadura del centro y las ventajas de una y otra alternativa. ¿Cuántos créditos son necesarios para acceder a una plaza? Procura que, sin dejar de potenciar las asignaturas clave para su futura educación, dedique también una parte de su tiempo a actividades extracurriculares o al voluntariado.

El tiempo que pases con tu hijo examinando las diferentes ocupaciones, centros educativos y clases enriquecerá vuestra relación. Creando un interés común, podréis explorar las oportunidades juntos y trabajar en equipo. No impongas nunca tu punto de vista. Déjalo volar y vuela con él. Conseguirás que se implique más en el proceso y facilitarás la transición desde el instituto a la universidad.

Veamos algunos consejos a tener en cuenta:

- Diseña un plan de vida con objetivos a corto y largo plazo.

- Sugiérele que realice tests de capacitación para su carrera favorita en Internet.

- Utiliza software tutorial.

- Infórmate acerca de las becas y ayudas económicas disponibles en la carrera elegida.

- Si es posible, visita como mínimo tres centros universitarios.

Más allá del amor

Tu adolescente se está enfrentando al excitante y probablemente terrorífico mundo de las relaciones amorosas. Saber elegir la persona que podría enriquecer su vida requiere mantener un constante diálogo para estimular la reflexión y comprensión mutua. Conecta con tu hijo revelándole los principios básicos de una relación positiva y divertida, ayudándolo a adoptar las actitudes esenciales.

Tener pareja es una competencia social sana que desarrolla la intimidad y la seguridad en uno mismo. Prepáralo sugiriéndole que establezca primero una buena relación de amistad con el chico o chica de sus sueños y que luego identifique la diferencia entre el enamoramiento y el amor. Años atrás, los adolescentes salían juntos, se hacían novios y luego daban por terminada su relación. Hoy en día, el proceso es mucho más rápido. El noviazgo es inmediato, sin necesidad de haber salido juntos durante algún tiempo. En consecuencia, la decisión de si la relación de amistad podría o no convertirse en una verdadera relación amorosa es más compleja.

Una forma ideal de empezar a aprender la dinámica básica del noviazgo es cultivar ante todo la amistad con el sexo opuesto, saliendo en grupo. Esto ayudará a tu hijo a aprender cómo participar en charlas abiertas sin la presión de tener que impresionar al chico o la chica que le gusta o convertirse en una especie de camaleón dependiendo de las circunstancias. Luego, a partir de una relación de grupo, se puede pasar a salir en pareja y más tarde en un noviazgo en toda regla.

Tal vez estés preocupado por la posibilidad de que tu adolescente tenga la impresión de no ser lo bastante bueno como la persona por la que se siente tan atraído. Emily comentó a su madre: «Un chico quiere salir conmigo. No creo que te guste». Ella preguntó: «¿Por qué?». «Bueno, tiene una moto, lleva *piercings* y tiene montones de amigas.» La madre de Emily miró fijamente a su hija: «¿Realmente crees que es eso todo cuanto mereces?».

Insiste en la aconsejable necesidad de avanzar paso a paso, en la importancia de salir con personas diferentes hasta encontrar a alguien que le guste como persona, y no por su popularidad. Aunque te puedas sentir algo incómodo, explícale qué comportamientos son aceptables en una primera cita: si deben besarse o tocarse, adónde deberían ir, cuánto debería durar la cita, etc. En cualquier caso, recuérdale que todo cuanto haga en el transcurso de una cita no tardará en ser del dominio público.

¿Cómo saber cuándo tu hijo es lo bastante maduro para salir con alguien? Existen tres criterios fundamentales: tener un amplio círculo de amigos del sexo opuesto; haber salido en grupos de más de tres y haber realizado diversas actividades juntos durante el último año; y saber eludir las situaciones indeseadas.

Dile que el mejor noviazgo es aquel que te permite ser tú mismo y disfrutar de momentos muy agradables. Reír juntos es esencial. Cuando tu hijo se sienta satisfecho de sí mismo, atraerá a otras personas que se sienten igual.

Veamos algunas cosas divertidas que se pueden hacer con ocasión de una cita:

- Jugar con los animales en una tienda de mascotas.

- Organizar una barbacoa.

- Ir al parque y jugar con un Frisbee.

- Hacerse fotos en un fotomatón callejero.

- Bajar por un tobogán gigante.

- Lanzar un cohete de aeromodelismo.

Modelar el sentido del «yo»

El adolescente necesita ayuda para desarrollar el fuerte sentido del «yo» necesario para formarse como futuro adulto, establecer buenas relaciones interpersonales y disfrutar de la abundancia de valores positivos que ya habitan en su interior. La autoestima cambia y evoluciona con el tiempo, y es el nutriente emocional que alimenta su alma. Nunca es demasiado tarde para ayudarle a construirla.

Lógicamente, habrá veces en que tu hijo no se sentirá bien consigo mismo. Tal vez esto ocurra cuando ha ido a una fiesta, se siente ignorado por su mejor amigo o no tiene pareja con la que bailar. Por otro lado, la opinión que le merezca su físico también influirá en su nivel de autoestima. Amanda se pasó todo un verano implorando poder empezar a ponerse rímel. Estaba convencida de que así se parecería a la «superstar» de la clase, Liz, con este simple cambio. Finalmente, su madre accedió. Amanda estaba ansiosa por comprobar los efectos de la transformación. Al terminar, dio un brinco y se plantó delante del espejo. ¡Oh desolación! ¡No podía creerlo! Rompió a llorar.

Si echas la vista atrás e intentas recordar cuánto te preocupaba cómo te veían los demás y tus sentimientos de inseguridad cuando eras un adolescente, le podrás enseñar a desenfatizar la importancia del aspecto físico y a centrarse más en el desarrollo de la personalidad. Ayuda a tu hijo a conseguir un equilibrio entre sus logros y un aprecio de sus mejores cualidades. Lo puedes hacer conscientemente aplaudiendo sus esfuerzos positivos, independientemente de los resultados, y evitando, eso sí, la excesiva exageración: «Lexi, no importa lo aburrido que sea el tema; siempre serás capaz de escribir un interesante artículo».

Anímalo a ser quien realmente es y a rodearse de amistades positivas. Transmítele el valor de afrontar y pedir ayuda cuando sea necesario y la fuerza para seguir adelante. Kristin se comportaba como una excelente amiga cuando ella y Hallie estaban a solas, pero en la escuela no paraba de molestarla. Tras discutir la situación con su madre, Hallie dijo a Kristin que no volverían a llevarla en coche a la escuela hasta que pidiera excusas por tratarla siempre como a un trasto inservible. Su madre se sintió muy satisfecha de la reacción de su hija.

Para modelar el sentido del «yo» de tu adolescente, haz algo especial cada día en su honor. En lugar de esperar a un día festivo, saca la vajilla de porcelana o enciende velas para demostrarle cuán importante es para ti. Inicia charlas sobre la gente que cambia de ideas, actitudes y creencias, personas tales como la Madre Teresa de Calcuta, Nelson Mandela o Martin Luther King. Explícale lo importante que es saber perdonarse cuando se comete un error, y que el desánimo no significa fracaso. Enséñale a convertir un defecto en una cualidad y a conectar con los demás mediante la empatía y la compasión.

Veamos algunos pasos que puede dar tu hijo para crear un «yo» fuerte:

- Reconocer la importancia de aceptarse a uno mismo y ser feliz.

- Perdonar al prójimo y aprender de los errores pasados.

- Pedir lo que necesita.

- Escribir sus sentimientos en un diario.

- Gozar de los éxitos confeccionando una lista de lo que sabe hacer bien.

Segunda parte

¿En qué cree tu hijo adolescente?

Inspira una creencia en un poder supremo

Hay una fuerza más allá de nosotros de la que podemos tirar o empujar. Muchos de nosotros, padres de adolescentes, crecimos en la generación del «mí», en la que la autoridad era algo a lo que había que oponer resistencia y controlar nuestra propia vida se consideraba una virtud. Nuestras creencias colocaban sobre nuestras espaldas la carga de la supervivencia y el bienestar. El mundo puede ser solitario y vacuo cuando la única persona de la que realmente dependes eres tú mismo. Aunque quizá requiera un cambio en nuestra forma de pensar, hagamos algo diferente para nuestros hijos e inspiremos una creencia en algo más grande que ellos.

Creer en un poder supremo puede alimentar al adolescente hasta límites insospechados. Puede dar un significado a su vida y crear un respeto a la autoridad. De este modo se modela una consciencia social que le permite mirar hacia fuera, darse cuenta de que pertenece al mundo y averiguar lo que debería hacer para cambiarlo.

Tu hijo afrontará los desafíos de la vida con la creencia de que alguien le está observando. Como atleta, podría descubrir una conexión entre su creencia en un poder supremo y su capacidad para triunfar en la cancha. O como estudiante, podría experimentar un nexo entre la oración y los recursos internos para salir más airoso de un examen de lo que había previsto.

Independientemente de la posición que ocupe tu hijo en el espectro, siempre puedes sugerirle que apele a este poder supremo cuando lo necesite. En primer lugar, dale a entender que este poder siempre está a su disposición, y que esta interconexión le infundirá valor. Abre la puerta a la oración estableciendo su observancia en el almuerzo, la cena o la hora de acostarse. Habla desde tu corazón y usa palabras que invoquen la ayuda suprema. Explícale cuántas personas que oran recibirán una respuesta de formas que jamás hubieran soñado, y que algunas no se materializarán tal y como las habían previsto.

Modela el respeto a la autoridad enseñándole a honrar a sus mayores, profesores, policía y otras personas de la comunidad dedicadas a ayudar a los demás. Explícale que aun en el caso de que las consideres necesariamente correctas, respetas sus decisiones y la posición que ocupan.

Para impulsar la espiritualidad, esperanza y coraje de tu hijo, recuérdale que hay algo estrictamente personal que debe cumplir aquí en la tierra. Un niño dijo en una ocasión: «Mamá, ¿cuál crees que es mi finalidad en la vida? ¿Por qué crees que estoy aquí?». Ambos exploraron las formas de añadir un significado a la vida de los demás y cómo podía empezar inmediatamente a conformar tan elevado destino.

La espiritualidad es un compromiso. No asegures conocer todas las respuestas, pero dile a tu hijo adolescente hasta qué punto esta creencia te ha resultado de utilidad en momentos de necesidad. Dale ejemplos concretos en los que, ante una pesada carga o una situación de crisis, te proporcionó paz interior y capacidad resolutiva. Háblale de los milagros que han ocurrido en tu vida o en la vida de otros a quienes conoces bien. Aprovecha la cena para charlar acerca de la conexión entre curación y espiritualidad, y cómo la fe no es algo que se pueda ver o tocar.

Los multifacéticos dones y talentos de tu hijo van más allá de un simple accidente genético. El misterio de un poder supremo puede contribuir a explicar esta exclusividad personal que nos ayuda a hacer elecciones que alterarán nuestra vida y a remodelarla constantemente. Aconséjale que crea en algo supremo para que pueda ser capaz de descubrir quién es en realidad y cuál es su finalidad en la vida.

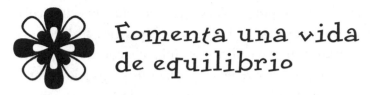

Fomenta una vida de equilibrio

En nuestra ajetreada sociedad, la presión para hacer más en menos tiempo está empapando la realidad cotidiana de nuestros adolescentes. Aunque el estrés puede ser bueno para la productividad, también puede ser agobiante, pues incita a triunfar en la escuela, las actividades de grupo, a dedicarse al voluntariado, ayudar en casa y tener un empleo a media jornada. Siguiendo estos consejos, podrás detectar si tu hijo está «quemado» y establecer una conexión más fuerte mediante tu compromiso para concebir estrategias que potencien una vida de equilibrio.

Es muy probable que te estés preguntando cuánta actividad es demasiada y cuánta es demasiado escasa. La respuesta reside en el equilibrio de los hábitos y rutinas diarios. Tu hijo adolescente necesita un mínimo de nueve horas de sueño para estar descansado, y a decir verdad, con el estudio para preparar los exámenes, charlar por teléfono, navegar por Internet o jugar a los videojuegos, no está descansando lo suficiente. Durante las primeras clases de la mañana está somnoliento, y esto interfiere con la memoria. Si las calificaciones de tu hijo no son tan altas como desearías, primero examina sus hábitos de sueño.

Una dieta nutritiva es también esencial para el bienestar personal. A menudo, el estilo de vida familiar no favorece las comidas regulares a una misma hora o sobrevive a base de menús precocinados. Aunque estéis muy ocupados, ambos podéis sentaros una vez a la semana y confeccionar una lista de alimentos sanos, zumos y otros productos que se puedan consumir sin una pérdida excesiva de tiempo. Incluye cereales, verduras, fruta y productos lácteos suficientemente ricos en proteínas para potenciar el crecimiento de los huesos y los músculos. ¡Nada de azúcar ni cafeína después de las siete de la tarde!

Asegúrate de que su programa escolar y actividades extraescolares le motivan sin sobrecargarlo. Hoy en día, la práctica de deportes o la participación en eventos o clubes de estudiantes consume enormes cantidades de tiempo y puede dejarlo exhausto y agotado mentalmente. Pero aunque tu hijo esté muy ocupado en la escuela, puede mantener un estilo de vida sano con diez horas de trabajo semanales. Tener un empleo desarrolla la ética de trabajo y enseña a administrar el tiempo y el dinero, siempre claro está que no interfiera con las responsabilidades escolares. Sugiérele que ahorre la mitad de su sueldo.

Aunque su vida parezca un desastre, hay muchas cosas que tu hijo puede controlar. Ayúdalo a identificar las pautas indeseadas y a concentrarse en las que podrían mejorar drásticamente su vida. Haz un esfuerzo consciente para estar siempre a su lado, pero sin abrumarlo, mientras intenta operar estos cambios. Cuanto más se implique personalmente, mayores serán las probabilidades de que estas modificaciones surjan efecto, que el nivel de estrés disminuya y que se reinstaure el equilibrio.

Para fomentar una vida de equilibrio, ten en cuenta los consejos siguientes:

- Establecer rutinas de sueño regulares.

- Sugerir a tu hijo que identifique lo que podría hacer diferente para comer mejor.

- Integrar el descanso y el relax en la rutina diaria.

- Hacer cambios graduales, uno por semana.

- Preguntarle qué podría hacer para él o para otro este día.

- Aliviar el estrés riendo y eligiendo amigos optimistas.

Fomenta los principios morales

¿Te preocupa el mundo en el que tu hijo está creciendo y desarrollándose como persona? ¿Te preguntas qué deberías hacer para que tu hijo ahora adolescente llegara a ser un adulto de rectos principios?

En el mundo real, el carácter es importante. Se desarrolla a partir de una creencia en una responsabilidad moral y lo conecta a la familia, la comunidad, el país y el mundo. Tu hijo se enfrenta a cuestiones morales a diario. ¿Acepta las críticas con un tono dialogante o reacciona de malas maneras? ¿Se muestra indulgente con las mentiras piadosas o dice siempre la verdad y asume las consecuencias? ¿La emprende a puñetazos cuando un compañero se mete con él o escurre el bulto sin decir ni pío? La responsabilidad moral es más una forma de pensar que la capacidad para tomar buenas decisiones.

Echa un vistazo a tus propios actos en tu vida diaria. ¿Retiras el carro de la compra en el parking del supermercado para que no moleste a los demás coches? Si el cajero comete un error, ¿le devuelves el dinero que te ha dado de más? Las grandes cosas son simples y evidentes, pero es la forma de actuar de tu hijo lo que realmente habla de su persona en tanto que ser humano.

Recuérdale siempre que preste atención al carácter. Tras haber pasado el fin de semana en casa de un amigo, pregúntale: «¿Has demostrado tener un buen carácter durante estos días?». Te asombrará comprobar la cantidad de situaciones en las que tu adolescente ha hecho gala de estas cualidades. Enséñale que la honradez tiene siempre una recompensa presentándole a hombres y mujeres de negocios de éxito y de una ética intachable. También le podrías sugerir que viviera durante algún tiempo con sus abuelos, personas sin duda dispuestas a compartir su sabiduría y sus experiencias frente a situaciones difíciles.

Cuéntale anécdotas relacionadas con conflictos morales y pregúntale cómo se podrían haber solucionado sin dar el brazo a torcer a las primeras de cambio. Dale ejemplos de preocupaciones cotidianas, pregúntale cómo las abordaría y cuáles serían las posibles consecuencias de sus actos. Sugiérele situaciones críticas en las que tenga que decidir qué sería correcto hacer. Si tu hijo no reacciona con la debida responsabilidad moral, pregúntale cosas relacionadas con el resultado. «¿Cómo crees que le afectaría tu comportamiento? ¿Cómo crees que se sentiría? ¿Qué habrías podido hacer de otro modo?» Luego analizad juntos lo que tu hijo podría hacer para corregir sus actos y remediar el perjuicio causado.

Modela lo que esperas conseguir, sé fiel a las promesas y reconoce el talento y el mérito ajenos. Fomenta la justicia, la integridad moral y las relaciones interpersonales basadas en la honradez. Analizad la diferencia entre mentir y defender lo que se cree que es cierto. Merece la pena el esfuerzo.

Veamos a continuación las relaciones causa-efecto entre tu comportamiento y las respuestas de tu hijo. Recuerda que eres el modelo o referente de su comportamiento:

- Cuando eres fiel a una promesa y haces lo que has dicho que harías, tu hijo percibe confianza y honradez.

- Cuando tienes el valor de hacer lo correcto, confía en ti y te respeta.

- Si te muestras equilibrado en tu tolerancia de las diferencias, modelas su sentido de la aceptación.

- Si eres responsable de tus decisiones, demuestras firmeza y fortaleza de ánimo.

- Cuando te muestras compasivo con los menos afortunados, tu hijo percibe bondad y generosidad.

- Cuando eres pronto en perdonar, ve en ti compasión.

- Obedeciendo las leyes y las normas, lo estás formando como un ciudadano de bien.

No hace falta buscar un momento especial para charlar de cuestiones morales de la vida de cada día. Debe ser un proceso continuado. Erígete en el asesor moral de tu adolescente y alimenta su sentido de la compasión hacia cuantos lo rodean. Potencia la responsabilidad moral, ya que después de todo, nuestros hijos adolescentes son el alma de nuestra nación.

En busca de la paz perdida

Hace mucho tiempo, había dos madres, Amy y Donna. Amy quería por encima de todo que su hija adolescente fuera popular y alguien de quien pudiera sentirse orgullosa, y cuando sus calificaciones escolares empezaron a empeorar y su hija comenzó a saltarse horas de clase, Amy se enojó muchísimo, preocupada por lo que pensarían los demás acerca de ella como madre.

La jornada laboral de Donna era larga y fatigosa, pero esperaba con ansia ver a su familia cada noche. A decir verdad, sus hijos no eran siempre educados y a menudo la casa era un auténtico caos, pero era feliz. Un día, el hijo de Donna llegó a casa y sin la menor consideración espetó: «¿Qué hay para cenar?». Donna se volvió y le preguntó: «¿Estás bien?». «Pues sí», respondió. Más tarde aquella misma noche, Donna entró en la habitación de su hijo y se sentó en el borde de la cama. «Mal día, ¿verdad?» El muchacho asintió en silencio.

Amy buscaba la felicidad fuera de sí misma y se sentía muy resentida cuando su hija se negaba a hacerla feliz. Donna, por su parte, encontraba la felicidad en su interior independientemente del comportamiento de la muchacha. Era la única responsable de su felicidad y de su paz interior, ofreciendo amor incondicional y prestando atención a los sentimientos que se escondían detrás de las palabras.

Si quieres llevar la paz a tu hogar, toma la decisión consciente de crear armonía en tu interior, en lugar de trasladar esa carga a tu hijo para que obre maravillas con su comportamiento y así te sientas mejor. Un hogar en paz evoluciona a través de un proceso lento e ininterrumpido de ver y «escuchar» al adolescente con nuevos ojos, creando una experiencia emocional que cambia las viejas creencias y condicionantes, implicando el aprendizaje de nuevas actitudes y conductas. Tu felicidad no puede depender de si tu hijo se siente feliz o está triste, disgustado o «desvariando». Es algo interior que también tú puedes modelar en él.

Puedes restaurar la paz en tu familia haciendo las cosas de un modo diferente al que solías estar acostumbrado. Si tu hijo se muestra irritado, discute o reacciona a voz en grito, dile: «Lo siento, pero no te entiendo cuando me hablas así. ¿Puedes repetirlo por favor?». Si te falta al respeto, mírale a los ojos y di: «En esta familia nos hablamos con amabilidad». Dale a entender qué comportamientos son aceptables y cuáles no para que comprenda que puede controlar sus emociones.

Lo que pienses de tu hijo también contribuirá a crear tu propia realidad. Aunque hayas hecho cuanto estaba en tus manos para no exteriorizar pensamientos negativos en tu actitud cotidiana, no lo acoses; sería un error. Su propio «radar» le permitirá comprender que te muestras tranquilo exteriormente, pero que en realidad estás muy disgustado en tu interior.

Expresa tus sentimientos y elude la tendencia a abordar un problema y magnificarlo dentro de otro mayor. Cuando piensas en tu hijo, ¿notas una indescifrable tensión en tu interior? Un nudo en el estómago o una opresión en el pecho son síntomas irrefutables. Si identificas tu reacción física, sabrás cuándo estás empezando con una idea positiva y luego, a modo de bola de nieve que va creciendo, acaba por transformarse en un estado de ánimo indeseado. Contrólate, inspira profundamente y piensa en algo frívolo que no despierte en ti emoción alguna («¿Cómo distribuiré el superpremio gordo de la lotería?» Es un ejemplo.)

Si estás en paz contigo mismo, tu hijo no la perturbará. Un hogar en el que reina la paz hará de él un adolescente sensato. Veamos algunos consejos para propiciar la paz en el hogar:

- Piensa en un período placentero de tu vida y en cómo hacías las cosas por aquel entonces.

- Analiza detenidamente tus respuestas condicionadas, la forma en la que reaccionas ante el comportamiento de tu hijo.

- Concéntrate en las palabras de tu hijo, no en lo que sientes.

- Ofrécele un lenguaje que describa sentimientos, sobre todo si tu hijo es varón.

Sé una luz en la oscuridad

Habrá veces en la vida de tu hijo en las que su mundo parecerá ensombrecido por imposibilidades, crisis y pérdidas. Cuando llegue ese momento, es posible que no sepa cómo pedir auxilio. Sé su luz en la oscuridad. Guíalo hacia la esperanza en el mañana mediante el amor y la compasión.

La pérdida que ha experimentado podría concretarse en la marcha de un amigo íntimo que se muda a otra ciudad con su familia o no haber conseguido aquella plaza en el equipo de fútbol que tanto ansiaba. También puede surgir la crisis ante un examen suspendido o la enfermedad de un amigo, incluso su muerte. El mejor amigo de James tenía un corazón que no le cabía en el pecho. A Derek lo habían operado el año anterior y todo parecía indicar que, por fin, se recuperaría definitivamente. Una tarde, mientras jugaban a baloncesto, el corazón de Derek dejó de latir. James se sumió en la más profunda de las desesperaciones. ¿Cómo era posible que su amigo de dieciséis años hubiera fallecido tan de repente?, se preguntaba una y otra vez. Con el apoyo y el amor de sus padres y largas horas de conversación, James empezó a salir a flote.

En momentos como ése, tu hijo tendrá serias dificultades para encontrar un significado a su mundo. Pensar que todo mejorará en el futuro puede parecer una estupidez. Conviértete en su ancla y fondea el barco. Comparte con él experiencias en las que tuviste que superar graves adversidades en la vida para demostrarle cómo cambiaste positivamente el estado de cosas. Describe el proceso de recuperación, incluyendo cómo te ayudaron los demás y lo que hicieron para aliviar tu dolor. Explícale cómo fuiste capaz de sacar fuerzas de flaqueza para seguir adelante.

Tu intervención marca la diferencia. Tu hijo puede tener la sensación de haber perdido algo precioso, pero si le instilas una creencia en un mañana mejor, le estarás ofreciendo una forma inequívoca de esperanza. Renovarás su energía mental y aprenderá a no echar la vista atrás y a encontrar nuevos senderos cuando los viejos se han bloqueado.

Dale a entender que la vida es bella y que las dificultades que encontrará en su camino enriquecerán el sentido de su existencia. Enséñale a hablar consigo mismo desde una perspectiva positiva para triunfar y superar obstáculos. Usa palabras tales como «desafíos» y «oportunidades». Sé un confidente y un amigo, y obséquialo con el calor y el confort cuando cree que nadie lo comprende.

Si te esfuerzas para apoyarlo, vuestra relación no volverá a ser nunca la misma. Expresando un amor incondicional y una aceptación sin límites lo habrás conducido hasta un nivel superior, incluso más amplio de lo que habías imaginado. A pesar de los desacuerdos del pasado, estás aquí para escuchar, cuidar e iluminar la oscuridad de tu hijo.

Veamos algunas frases que puedes usar para infundirle esperanza:

- «Tu vida está cambiando.»

- «Estás avanzando en la dirección correcta.»

- «Persevera.»

- «Mañana te sentirás mejor.»

Las ocho palabras

Existen palabras y conceptos que puedes utilizar en familia y que «curan» y dan energía para enfrentarse a un nuevo día. Unen a padres e hijos, y su relación continúa prosperando, estrechándose. Dicho de otro modo, hay más amor.

Perdón. Perdonar significa ceder e ir más allá del dolor emocional. El perdón es un proceso de curación personal que allana el camino y deja espacio a los buenos sentimientos. Enseña a tu hijo que si se aferra a las heridas del pasado, estará desperdiciando su poder y su energía. Cavilar acerca de actos desconsiderados impide reconocer los maravillosos dones de la vida. El perdón trae la paz interior necesaria para concentrarse de nuevo en aquellas cosas que dan sentido a la vida. Aprende a perdonar a tu hijo para que abra su corazón y confíe de nuevo.

Sinceridad. Para aprovechar todo el potencial de tu relación con tu hijo, establece una confianza mutua. Hazle saber que tus expectativas y actos son coherentes. La sinceridad contribuirá a minimizar las preocupaciones y el miedo de tu hijo adolescente, pues sabrás que elegirá hacer lo correcto la mayor parte del tiempo. La sinceridad y la confianza abren el corazón, y dan a entender que los demás cumplirán sus promesas.

Gracias. Tu hijo ansía oír que lo que ha hecho tiene un significado y merece la pena. Este *feedback* debe ser directo. Le dirá que te sientes satisfecho de las decisiones que ha tomado. Un «gracias» es señal de gratitud por la contribución que ha hecho tu hijo a la familia.

Aprecio. Demostrar aprecio hacia tu hijo es ofrecerle amor incondicional. Crea un sentimiento de seguridad y de pertenencia al grupo familiar. También le estás dando a entender que es digno de confianza y una persona importante en tu vida. Mediante el aprecio reconoces su valor en el mundo.

«Lo siento.» Pronunciar estas palabras con sinceridad propicia una extraordinaria curación de las heridas emocionales. Demuestra responsabilidad de tus actos y el deseo de tornar lo incorrecto en correcto. Si eres capaz de mirar a los ojos a tu adolescente y pedirle perdón por un error, establecerás un contacto directo con él. Sabrá que no siempre tienes razón y que es aceptable admitir un error. Con un «lo siento» comprenderá la importancia de ser vulnerable para que otro pueda sanar su herida.

Mañana. Como adolescente, cuanto sucede parece inmediato y para siempre; lo que ocurre hoy predice el mañana. Dale la esperanza de que mañana será mejor. La palabra «mañana» permite saber que puede haber momentos difíciles, pero que estos momentos pasarán y que, por encima de todo, la vida es bella.

Respeto. Respetar es reconocer que tu hijo no es un reflejo de ti, sino un individuo único y exclusivo. Lo importante no son las diferencias, sino cómo se abordan. La búsqueda de una «tierra de nadie» constituye una prioridad cuando se respetan los dos puntos de vista.

Valor. Perseverar a pesar de todas las dificultades es el mensaje que transmites a tu hijo si demuestras valor. Le permitirá recuperar la confianza aun en el caso de haber caído una y mil veces durante el camino. No importa cuanto intente separaros; con valor siempre serás su héroe.

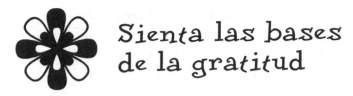

Sienta las bases de la gratitud

Con la cantidad de caprichos costosos y a veces inútiles que muchos padres conceden a sus hijos, ¿cómo piensas imbuir el significado de la gratitud en el tuyo?

En efecto, puede creer que necesita una estupenda moto para ser aceptado o el corte de pelo de moda para que se repare en él. Esto es debido, en gran medida, a lo que el mundo le dice que debería tener. Tratándose como se trata de una fase relativamente precoz en su desarrollo, es posible que no seas capaz de crear un adolescente completamente agradecido esta vez, pero puedes empezar a sentar las bases de la gratitud.

Gratitud es aprecio disimulado. Tu hijo no ha nacido con la capacidad de identificar una situación como valiosa o dar las gracias a menos que sepa por qué debe darlas. Cuando te agradezca la atención que le estás prestando, di: «De nada. Me gusta oír eso». Dale las gracias cuando comparta algo con los demás: «Sé lo difícil que es dejar que tu hermana lleve tu vestido a la fiesta. Gracias, eres estupenda». La gratitud es una técnica que se aprende a través del fortalecimiento de los valores. Tu hijo no los absorberá por lo que dices, sino por cómo vives y lo que esperas de él.

Si quieres enseñarle gratitud, presta oídos a sus preocupaciones y a la presión a la que está sometido para ser como los demás. Desarrolla estrategias para demorar la recompensa. De este modo, aprenderá a resistir el impulso de comprar. Por ejemplo, puedes destinar un bloc para anotar en él todas las cosas que quiere. Algunas semanas más tarde, sugiérele que le eche un vistazo y que compruebe cuántas de aquellas cosas han perdido toda su importancia.

Comparte tus creencias acerca de lo que significa la gratitud. Descríbele de formas evidentes por qué es importante reconocer lo que está bien y cómo influirá en su felicidad. Recuerda que de la gratitud al aprecio media un paso. Demuéstrale que te sientes agradecido en la vida cotidiana. «¿No es genial que papá instalara el estante a pesar de lo ocupado que está?», «Qué amable es el Sr. Hart; me ha cambiado el neumático.»

También puedes demostrar aprecio por el comportamiento de tu hijo. Exprésaselo ayudándolo en los deberes o simplemente por ser un gran chico. Una madre dio las gracias a su hijo por cómo había reaccionado ante un castigo que le había impuesto. La vez siguiente no reaccionó igual y se produjo un enfrentamiento verbal entre ambos. El muchacho reflexionó y más tarde dijo: «Siento haber levantado la voz, mamá». Había comprendido el valor de su relación.

Aprovecha situaciones casuales para expresarle gratitud. Sugiérele que llame a sus abuelos para agradecerles su regalo de cumpleaños. También puede comprar regalos con sus ahorros o flores para una compañera de clase enferma. Escribe frases de agradecimiento en hojas de papel y distribúyelas por toda la casa: el frigorífico, un salvapantallas o incluso el bolsillo del abrigo. También se las puedes poner debajo de la almohada: «Tu habitación está superordenada. Gracias por ahorrarme trabajo».

Vivir una vida de gratitud le demostrará lo maravillosa que puede ser la vida incluso en las pequeñas cosas de cada día.

Superar obstáculos imaginarios

¿En qué se diferencia el temperamento de tu hijo del tuyo? ¿Interfiere en vuestra relación? Tal vez quieras disfrutar de la paz del hogar después de una larga jornada mientras que él preferiría el estímulo de ver películas en casa. Quizá pienses antes de hablar, pero tu hijo exprese todos los pensamientos que se le ocurren sin previa reflexión. Es posible que lo tengas todo ordenado, y que el muchacho ni siquiera sepa dónde colocar el libro de matemáticas.

La calidad de vuestra interacción depende principalmente de las diferencias de los rasgos distintivos de la personalidad. Si los comprendes, serás más capaz de percepción y actuación hacia él.

Sus acciones pueden parecer el polo opuesto de lo que deseas y esperas, y estas divergencias pueden sentar las bases de una más que considerable incomunicación. Si hablas con «balas», tu hijo sólo escuchará órdenes y control. Si evita el contacto visual y piensa antes de hablar, podrías considerarlo como una actitud falta de confianza. Si eres hablador y tu hijo sólo tiene un par de amigos y pasa muy poco tiempo pegado al teléfono, podrías deducir que está deprimido en lugar de que es simplemente introvertido.

Explora tu estilo de personalidad. ¿Eres del tipo de personas que siempre quiere que las cosas se hagan a tu entera satisfacción y sin tolerar el diálogo o las sugerencias? ¿O eres más amistoso y procuras evitar los conflictos? ¿Te dejas llevar por el instinto cuando tomas una decisión, o eres metódico y analizas los detalles? ¿Te incomodan las sorpresas o valoras la espontaneidad?

Comparar y comprender tu estilo de comunicación con el de tu hijo te ayudará a conectar con él de mil y una formas diferentes.

Amistoso. El tipo de personalidad amistoso busca siempre el acuerdo, el respeto y la buena voluntad. Las personas amistosas piensan bien de los demás, son sensibles, se sienten heridas a las primeras de cambio y temen la confrontación.

Dialogante. La personalidad dialogante disfruta de la compañía de los demás, es extraordinariamente verbal y habla antes de pensar. Las personas dialogantes toman decisiones emocionales, a menudo exentas de organización.

Lógico. La personalidad lógica es fruto de un hábito. Los individuos lógicos son extremadamente organizados, piensan antes de hablar, toman decisiones con lentitud y se sienten incómodos con las sorpresas.

Dominante. La personalidad dominante es categórica, sistemática y arriesgada. Las personas impulsivas disparan con bala y dictan sentencias en lugar de hacer preguntas.

Si tu hijo tiene una personalidad amistosa, relájate y afloja el paso al interactuar con él. Evita la brusquedad en la voz y pídele su opinión. Si es hablador, adopta este comportamiento alegre, descubre sus sueños y apela a su espíritu competitivo. Sabiendo como sabes que el reloj interno de tu hijo se ha estropeado, ofrécele flexibilidad, no estructura.

Tu adolescente lógico requiere un ritmo más moderado y necesita tu autorización para expresar deliberada y lentamente sus ideas. Si se muestra indeciso, anímale a decidir aunque no disponga de todos los datos. La exageración lo confunde; sé preciso y proporciónale detalles. Si tu hijo es dominante, necesita un ritmo rápido y ceñirse al tema. Haz un especial hincapié en los resultados y muéstrate organizado, y cuando necesites que haga algo, utiliza una interrogación en lugar de una afirmación.

Conoces a tu hijo mejor que nadie. Intenta averiguar hasta qué punto vuestro enfoque de comunicación es similar o diferente. Ninguno de los dos realizará cambios drásticos en su personalidad, pero lo que sí puedes hacer es influir en la forma de relacionaros buscando un «terreno de nadie» que facilite la interacción.

Amor incondicional

Precisamente cuando los adolescentes necesitan más el amor de sus padres, éstos, inevitablemente, están intentando que por fin inicien una vida plenamente independiente. Entre los trece y dieciocho años, no siempre atraviesan los mejores momentos de su vida. Hoy aman a todo el mundo; mañana «no tienen amigos». Tienden a dar a entender a cuantos se hallan en el radio de acción de sus gritos espeluznantes lo que sienten, y se disgustan con facilidad, sobre todo con los padres, amigos, ¡e incluso con el perro si llega el caso! Muchos padres, medio en serio y medio en broma, esperan ansiosos el instante en que sus hijos, ya graduados, se marchen de casa.

Aunque es difícil contenerse y no reaccionar negativamente o con un rechazo personal ante los «aullidos del lobo», éste es el momento en que debes amar a tu desagradabilísimo hijo por encima de todo y a pesar de todos los pesares. Cuando esté malhumorado, procura irradiar calidez, comprensión y ternura, separando el comportamiento y la persona. Piensa: «Me hiere que siempre me lleve la contraria», en lugar de: «¡Es insoportable!». La forma en la que enmarques la conducta de tu hijo incidirá considerablemente en vuestra capacidad de permanecer unidos en los tiempos difíciles. El modo en que escenifiques su pésimo comportamiento ante tus demás hijos y tu pareja, influirá también en su interacción con el adolescente.

Tu aceptación absoluta de tu hijo constituye el fundamento del amor incondicional. Debe saber que, a pesar de sus constantes inconveniencias, le amas. Podrías pensar que en realidad ya es consciente de tu amor hacia él, pero lo cierto es que se siente indefectiblemente preocupado por la posibilidad de que ya no lo ames como antes. Independientemente del nivel de distancia o irritabilidad, tu hijo sigue teniendo el profundo deseo de saber que lo amas tal cual es.

Si consigues que se de cuenta de que continúa siendo algo muy especial en tu vida, será capaz de superar más deprisa este período tan complejo de la adolescencia sin consecuencias para su autoestima y de lo que cree que debería ser.

Son momentos en los que tiene mucho sentido decir: «Te quiero», sin esperar oír lo mismo. El amor que sientes hacia tu hijo no debe depender jamás del que él demuestra hacia ti. Es suficiente saber que lo amas. Con el tiempo, responderá coherentemente a tu mensaje de preocupación positiva y florecerá bajo la forma de un amor igualmente incondicional.

Veamos algunos consejos que te ayudarán a amar incluso lo que podrías pensar que es imposible de amar:

- Dile a tu hijo «Te quiero» por lo menos un par de veces al día.

- Escribe una frase en una hoja de papel expresando lo que más te gusta de él. Sorpréndelo colocándola en distintos lugares de la casa (debajo de la almohada, espejo del baño, coche, etc.).

- Ofrécele amor incondicional incluso cuando no sea recíproco.

- Pregúntate: «¿Cómo podría querer más aún a mi hijo?».

Cociente de conexión

Un verano, Colin fue a pasar varias semanas en casa de sus abuelos, cerca de la playa. Jugaba con sus amigos en el mar, chapoteaba en la pequeña cala en busca de cangrejos, y estaba todo el tiempo con sus primos, tíos y tías. Colin no tardó en darse cuenta de que había demasiadas personas que cuidaban de él y creía ser un chico estupendo. Aquel otoño, cuando regresó al instituto, se sentía un poquito más seguro de sí mismo y ya no dependía tanto de la aprobación de sus compañeros. Sabía que pertenecía a un círculo mucho más amplio de quienes le amaban y creían en él.

La tarea más desafiante a la que deberás enfrentarte durante su adolescencia es ayudarlo a comprender que una vida dichosa y de éxito sólo se consigue mediante un proceso de conexión, y una de las mejores maneras de mantener un sólido lazo de unión consiste en vincularlo a su familia en el sentido más amplio de la palabra, procurando que entienda lo importante que es para todos cuantos forman parte de la misma y que cuidan de su vida y su futuro. De ti depende hacerlo realidad. Requiere mucho esfuerzo conseguir que estos vínculos sean siempre sólidos e indestructibles. En este sentido, el mensaje «La familia es lo primero» le permitirá comprender que nunca podrá ser sustituida por los amigos.

Tal vez viváis lejos de vuestros parientes. Procura mantener una comunicación semanal por teléfono, carta e intercambiando fotografías. Descubre formas creativas de estar juntos. Si no podéis viajar todos juntos, deja que vaya él. Tus familiares tendrán la oportunidad de apreciarlo de un modo diferente, más íntimo, si no estás presente, y los vínculos se fortalecerán.

Si tu familia y tú habéis estado distanciados, ésta es una extraordinaria ocasión de restablecer la comunicación y de integrar al adolescente en el gran grupo, lo cual le permitirá descubrir un nuevo sentimiento de pertenencia a un círculo más amplio. Esta relación constante con los parientes influirá en sus interacciones sociales, desarrollando su autoconfianza.

Además de conectarlo con los parientes, busca nuevas formas de establecer una relación de intimidad con tu hijo. Durante la cena o mientras vais en coche, háblale de cuando nació o de lo emocionado que te sentiste al saber que ibas a tener un bebé. Explícale cosas de su infancia y de tus vínculos de afecto con los demás miembros de la familia. Tal vez sientas un cariño muy especial por una abuela o una tía. Háblale de cuánto te ha ayudado tu familia a superar tiempos difíciles y de que ha estado siempre ahí para echarte una mano cuando la necesitaste. Dile que también él puede contar con el apoyo incondicional de la familia.

Nuestro vínculo con la familia en su sentido amplio nos proporciona un mayor sentido de pertenencia al mundo en que vivimos. Cada persona se interrelaciona con la familia para crear un todo indisoluble. Es nuestra obligación mantener intacto este vínculo.

Tercera parte

¿Qué siente realmente tu hijo adolescente?

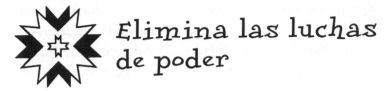

Elimina las luchas de poder

¡Y por fin el gran día! Chris iría al largamente esperado concierto. Saldría de la ciudad. Una hora de trayecto. Se encontraría con cuatro amigas tan emocionadas como ella. En lugar de insistir en que llegara a la hora del «toque de queda» familiar habitual, su madre cogió un papel y calculó la hora en la que concluiría el concierto y el desplazamiento de vuelta. Juntas, Chris y mamá, establecieron una hora realista. Hubiera sido más fácil decir: «No, no tienes por qué llegar a medianoche. Sal del concierto antes». Pero lo más probable era que su hija estuviera absorbida por la música, olvidara consultar el reloj y acabara llegando muchísimo más tarde de lo previsto.

Las luchas de poder se pueden convertir en esfuerzos mutuos que permitan al adolescente transformarse en un individuo independiente al tiempo que lo guías hacia el éxito. Al igual que está descubriendo el proceso de ser autónomo, también tú aprenderás nuevas formas de navegar por este inexplorado territorio.

Puedes enzarzarte en interminables discusiones movido por el miedo y la ansiedad de verlo cometiendo errores. Puedes intentar evitarle la toma de decisiones difíciles diciéndole lo que debe elegir, cómo elegirlo y con quién hacerlo, pero sin duda con esta actitud desencadenarás conflictos. Una buena parte de lo que ocurre entre tú y tu hijo lo puedes controlar. Echa la vista atrás y analiza tu forma de dar órdenes. Recuerda que te comunicas tanto con el tono de voz y el lenguaje corporal como con las palabras que eliges. ¿Preguntas o afirmas? ¿Fuerzas una cuestión hasta el límite o intentas comprender su razonamiento?

A menudo, lo que servía para solucionar conflictos de poder en la infancia ha perdido eficacia. El adolescente necesita una nueva forma de pensar. ¿Está preparado para tomar decisiones por sí mismo?

¡Desde luego que no! Pero él cree que sí, y ahí reside el desafío. Mientras tu hijo progresa hacia su consolidación como una entidad independiente, experimenta una necesidad visceral de protestar, discutir y negociar. Pero la negociación no implica que siempre acabes cediendo o que intentes llegar a un compromiso, sino la creación de una situación «ganar-ganar» para ambos. Si media una auténtica experiencia de aprendizaje, los dos os sentiréis satisfechos.

Para evitar las luchas diarias de poder, establece un contrato de comportamiento de vigencia bianual, describiendo en él las expectativas en relación con las tareas domésticas. Sé específico y asegúrate de que el 75% del contrato es negociable. Siéntate con tu hijo y discute cada punto. Deja que dé su opinión acerca del nivel de las expectativas y también de las consecuencias en caso de infracción. Aunque requiera un cierto esfuerzo, el contrato eliminará los conflictos diarios y preservará la calidad de vuestra relación.

Veamos algunas directrices para redactar un contrato con tu hijo:

- Renueva el contrato en verano y en otoño.
- Negocia el 75% para aumentar el compromiso personal de tu hijo.
- Procura que tenga la sensación de controlar las cosas.
- Deja que sea él quien decida las consecuencias de la infracción de las normas.
- Firmad el contrato y guardad una copia cada uno.

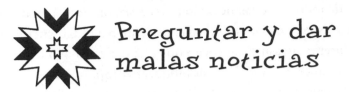

Preguntar y dar malas noticias

Te has quedado con la boca abierta preguntándote que podrías decir a continuación. Inspiras profundamente y contienes el aliento mientras te sientas para escuchar toda la historia. Ha salido con su novia y lo has estado esperando despierto. Como de costumbre le has preguntado: «¿Qué tal la noche?». Acto seguido, se ha sentado a tu lado y ha dicho con absoluta serenidad: «Fui a una fiesta, hubo un altercado y la policía nos llevó a la comisaría».

No es el mejor momento para reaccionar con dureza aunque tu instinto te lo esté aconsejando. La voluntad de tu hijo de acercarse a ti en situaciones difíciles es fruto de una confianza y un respeto mutuos que se han desarrollado con el tiempo. Dale a entender que puede contarte todo cuanto quiera y que estás plenamente dispuesto a prestarle atención. Modera el tono de voz y cuida el lenguaje corporal. Muéstrate espontáneo ante las malas noticias; tu hijo te está pidiendo ayuda y comprensión.

Procura no quedarte en blanco. Relaja los músculos de la cara y no demuestres enfado ni temor. Asiente con la cabeza y anímalo a continuar. Deja que termine antes de preguntar. Hazte una idea lo más completa posible del problema y permítele que corrija falsas interpretaciones. Luego pregunta: «¿Hasta qué punto te viste implicado en lo ocurrido?». Si parece dubitativo, pisando el freno, tranquilízalo con frases tales como: «¿Y qué sucedió a continuación?».

Habrá veces en que estarás a punto de formular una pregunta, pero no estés preparado para escuchar la respuesta. Por el momento, tu hijo está dando malas noticias, y es importante ante todo escucharlo con compasión. La disciplina vendrá más tarde, cuando hayas tenido tiempo de reflexionar acerca del incidente. Dile que lo ocurrido tendrá consecuencias, pero que serán menos severas porque ha dicho la verdad.

Si a pesar de todo no consigues evitar una reacción brusca, mantén el contacto visual y haz un esfuerzo consciente para mantener la compostura. Intenta no asustarte por lo que está diciendo. No le interrumpas ni cambies de tema. Podrías bloquear la comunicación.

En el problema reside la solución. No intentes «rescatarlo»; dale la esperanza de que juntos encontraréis el camino de regreso. Recuerda que tu hijo ha acudido a ti y confía en que lo comprendas.

Veamos algunas técnicas que te permitirán encajar mejor las malas nuevas:

- Siéntate al mismo nivel que él; si estás más alto, se sentirá dominado.

- Dale a entender con tu actitud que puedes controlar la situación.

- Mírale a los ojos al hablar y mantén la calma, una postura activa, asintiendo con la cabeza y evitando desviar la mirada.

- Usa frases de final abierto tales como: «¿Y qué ocurrió luego?».

- Aconséjale sólo cuando haya terminado la exposición.

Los siguientes consejos te ayudarán a fortalecer los lazos de confianza con tu hijo:

- No reacciones; actúa.

- Trabajad juntos para encontrar soluciones.

- Agradécele haberse sincerado contigo.

- Mantén una comunicación fluida día a día.

Enfrentarte, poner a prueba o apoyar

Shep, el amigo de Ryan, no asistía a la clase de historia. Al conocer las calificaciones del último examen, vio lleno de excitación que Ryan había sacado un sobresaliente. Se acercó a él y le susurró: «¡Genial! He copiado tu examen. Subiré nota». Pero cuando el profesor devolvió el examen a Shep...: ¡muy deficiente! Confuso, comparó los dos exámenes. «¡Oh, no! ¡He copiado mal todas las preguntas!» Ryan se rió y más tarde contó lo sucedido durante la cena.

Ahí entras tú, es un momento ideal para sugerir un debate. Es muy probable que las emociones afloren con intensidad cuando tu hijo se vea obligado a analizar una decisión inapropiada. Dale la vuelta a la situación y enséñale a elegir mejor en el futuro a medida que adquiera seguridad en sí mismo a partir de tus expectativas.

Cinco técnicas para la confrontación

- Expresa tu preocupación sin empezar la frase con «Tú...».
- Procura que el mensaje sea claro y directo.
- Pregúntale qué debería hacer para evitar que sucediera de nuevo.
- Muéstrate seguro de ti mismo y mantén el contacto visual.
- Demuestra sorpresa ante la decisión que ha tomado.

Si sospechas que las cosas no son como parecen, déjate llevar por tu instinto y analiza más detenidamente los demás detalles. Es muy probable que el adolescente se halle inmerso en una situación imposible, preocupado por la posibilidad de ser incapaz de salir del atolladero, perder a un amigo o sucumbir a la presión.

A las dos de la madrugada, Glenn, amigo de Seth, llamó a varios compañeros para recordarles su compromiso de acudir a la fiesta que había organizado. Seth se sentía fatal, pero no quería parecer un mojigato, así que fingió estar enfermo. Antes de que llegaran las chicas, Seth despertó a su padre a media noche para que lo recogiera en casa de Glenn. Había dicho que estaba enfermo y que quería volver a casa. En el coche, su padre preguntó si quería hablar del tema.

Cinco consejos para poner a prueba a tu hijo

- Sé sutil en el desarrollo de la conversación.

- Formula preguntas de final abierto, pero no demasiadas.

- Lee entre líneas para descubrir lo que no ha dicho.

- Evita las suposiciones. Si no comprendes algo, pide aclaraciones.

- Muéstrate paciente y analiza las cosas poco a poco con una voz siempre moderada.

Cuando tu hijo te abra el corazón y exprese su temor, trátalo con la comprensión y apoyo que le daría un amigo. Samantha había salido con un chico, Mick, durante tres semanas cuando empezó a oír comentarios acerca de lo «lejos» que había llegado en la relación. Aterrorizada, intentó averiguar quién había divulgado aquella falsedad, descubriendo asombrada que la responsable había sido Mandy, una de sus mejores amigas.

Siete consejos para demostrar apoyo

- Interésate sin asumir el control de la situación.

- Separa tus sentimientos de los del adolescente para mantener la serenidad y poder ayudarlo.

- Comparte una historia similar de tu vida.

- Hablad de las cosas fáciles y difíciles a las que hay que enfrentarse en la vida.

- Pregúntale si quiere que le des un consejo.

- Expresa tu confianza en que el adolescente hará una buena elección.

- Sé su confidente.

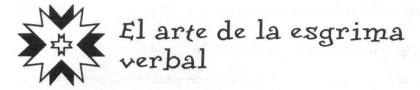

El arte de la esgrima verbal

Tu hijo habla en un tono imperioso, argumentando, como si de un diplomático se tratara, por qué debería tener más privilegios e independencia en sus decisiones. A medida que va madurando, desarrolla su vocabulario y lo pone a prueba cuando conversa contigo. Es posible que ni siquiera te hayas planteado la posibilidad de discutir con él, pero sin quererlo ni beberlo te enzarzas en interminables disputas verbales. Este diálogo confuso es frustrante y a menudo no conduce a ninguna parte.

¿Qué está diciendo tu hijo en realidad y cómo deberías reaccionar? ¿Acaso está poniendo a prueba su capacidad de raciocinio o en sus palabras se oculta algún mensaje con un verdadero significado? Tu hijo podría sentirse presionado por sus amigos para hacer cosas para las que a decir verdad todavía no está preparado o no le gustan. Tal vez esté esperando que le ayudes a «salvar la cara» frente a ellos diciendo: «Mis padres no me dejarán».

Para averiguar lo que realmente está buscando, escúchalo con atención. No te enfrentes a él; reflexiona y utiliza algunas de sus palabras. Podría ser algo así como: «Mamá, no hay ningún motivo por el que no pueda ir a la fiesta. ¡Todo el mundo irá!». Podrías responder: «Así pues, todos irán y no encuentras ninguna razón por la que no ir». Mediante una escucha activa, serás capaz de descubrir si hay algo más en sus comentarios cuyo significado no consigues captar. Si te opones a sus deseos, te convertirás en el «malo» de la película. Pero tal vez adviertas un cierto alivio en él si intuye que no le dejarás ir, o quizá esté preocupado por verse inmerso en una situación incómoda y que no sepas cómo solucionar.

Al igual que lo haría un leguleyo experto, tu hijo ha encontrado lapsus en muchos de tus argumentos. Habitualmente, más tarde descubrirás que la verdadera razón de la discusión es que cree que es lo bastante mayor como para disfrutar de más privilegios. Con su voz cada vez más impostada y un lenguaje corporal autoritario, sin darte cuenta te encierras en tu plática y no lo escuchas, deseando dar por terminado el debate lo antes posible. Pero, a decir verdad, el tira y afloja es un signo positivo que indica que el adolescente está aprendiendo el arte de la negociación. Mientras sigue exponiendo sus puntos de vista, puede cerrar todas las vías de decir «no». Si no le prestas la debida atención, la tensión se podría prolongar durante algunas semanas. Prueba estas técnicas para crear una situación de «ganarganar»:

- Mantén la calma y míralo siempre a los ojos.
- «Escucha» lo que no ha dicho y fíjate en su lenguaje corporal.
- Aprovecha sus palabras, resumiendo sus argumentos.
- Pídele que sea más específico: «¿Explícame por qué es un problema para ti».
- Una vez satisfecho por haber tenido la oportunidad de dar su opinión, identifica un sentimiento: «Te sientes muy disgustado porque vas a quedarte en casa mientras todos tus amigos van a la fiesta».
- Es posible que tu hijo no esté de acuerdo con este sentimiento y manifieste otro diferente. Aprovecha también sus palabras al responder.
- Explícale las razones de tu decisión y luego sugiérele: «Analicemos juntos si podría haber otra solución al problema».

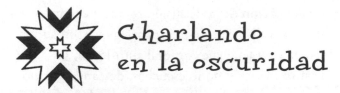

Charlando en la oscuridad

Jessica volvió a casa de una cita radiante y emocionada. Entró en casa y vio a su padre sentado en una butaca leyendo, esperando su llegada. «¡Papá! ¡No adivinarías lo que ha ocurrido!» Tras explicarle cómo habían pasado la velada, la muchacha se inclinó para darle un beso de buenas noches a su padre. «Buenas noches, papá», susurró.

Compáralo con otra escena, muy habitual por cierto. Jessica entra en casa. La casa está silenciosa y oscura. Sin hacer ruido entra de puntillas y da las buenas noches a papá y mamá, que ya están durmiendo. A la mañana siguiente, se apresura a la cocina para el desayuno. Mientras toma el café, su madre le pregunta qué tal le fue la cita. Aún amodorrada, Jessica responde desganada: «Bien». Mamá intenta preguntarle algo más, pero el disgusto en la voz de su hija pone punto final a la conversación.

Muchas veces perdemos la oportunidad de comunicarnos. Vemos a los adolescentes como individuos inalcanzables e inaccesibles, en lugar de buscar nuevas formas de acercamiento. A menudo, cuando queremos hablar con ellos, no desean hablar con nosotros, y, tal y como suele suceder en la mayoría de los hogares en los que impera la premura de tiempo, cuando están dispuestos a charlar, estamos haciendo otras cosas. Mimar la conexión con el adolescente es fundamental.

Las conversaciones con tu hijo en la oscuridad pueden resultar experiencias muy reconfortantes. Solo y vulnerable en grado sumo, el muchacho bajará la guardia y dejará que entres en su mundo aunque sólo sea por un instante. Es el momento ideal para escuchar sus esperanzas y sus sueños, sus preocupaciones y problemas. Un momento de intimidad entre los dos cuando la jornada ha terminado.

Puedes empezar con comentarios que lo estimulen a hablar: «Pareces cansadísimo hoy», o «Me siento muy satisfecho de cómo has solucionado el problema en la escuela. ¿Cómo se te ocurrió?». Aprende algo nuevo de tu hijo sin darle tu opinión o sugerirle alternativas con las que podría haber afrontado mejor la situación. Es una oportunidad natural de descubrir sus deseos más recónditos, sus talentos e intereses, lo que le gusta y le disgusta y cuáles son sus amigos y héroes.

Las charlas nocturnas propician la proximidad y fortalecen el vínculo afectivo. Mientras compartís ese tiempo, recuerda que está haciendo un esfuerzo para traducir sus sentimientos en palabras, y que tal vez se muestre reacio a expresar sus emociones. Cuanto menos hables, tanto mejor. No le des consejos. Ahora le toca a él hablar. Asiente con la cabeza y míralo a los ojos con cariño. Demuéstrale que lo estás escuchando: «¿Qué hiciste luego?». Si comparte contigo anécdotas divertidas, capta su humor y ríe con él.

Durante ese tiempo juntos, cuando en la casa ya reina el silencio, nada distrae su atención, se siente querido y valorado. Estas conversaciones en la oscuridad son una reminiscencia de la tierna infancia de tu hijo, cuando lo cogías en brazos por la noche, lo acostabas y le leías cuentos de hadas para que conciliara el sueño. Con tanto ajetreo diurno, esos maravillosos minutos compartiendo y escuchando os aproximarán el uno al otro aún más si cabe. Los años de la adolescencia pasan volando, y tu hijo no tardará en abandonar el hogar familiar. Si quieres establecer una intensa conexión con tu hijo, habla con él en la oscuridad. Veamos algunas frases de apertura que podrían introducir una charla:

- «Recuerdo aquel tiempo en que...»

- «Yo también lo hice.»

- «También me ocurrió lo mismo en una ocasión cuando...»

- «¿Recuerdas aquel día...?»

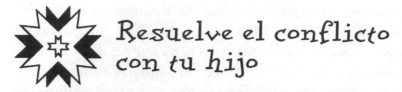

Resuelve el conflicto con tu hijo

Los conflictos durante la adolescencia son normales. Es posible que tu hijo esté evaluando diferentes comportamientos para determinar cuáles son los más apropiados o discuta para liberar tensión. Las discusiones casi siempre versan sobre cosas tan simples como la ropa o una habitación desordenada. En ocasiones, incluso parece como si estuviera desafiando todas las reglas de la casa.

Como padre probablemente te preocuparán las constantes discusiones con tu hijo. Si los conflictos se producen más de tres veces por semana, la tensión aumenta y los buenos sentimientos mutuos se interrumpen durante más de dos días. ¿Resultado? ¡Un problema!

Elimina las pautas ineficaces. No juegues a quién tiene razón y quién está equivocado. Plantea el problema según tu criterio y presta atención a su punto de vista sin interrumpirlo. Dale a entender que el conflicto te afecta y te preocupa. «Cuando gritas, me cuesta comprender lo que estás intentando decir.»

Establece mentalmente un límite de media hora para discutir una situación conflictiva. Transcurrido este lapso de tiempo, si no habéis llegado a ninguna parte, tomaos un respiro y acordad reanudar la conversación más tarde. Bastan veinte minutos para enfriarse después de una acalorada discusión y recuperar la compostura. Sin embargo, sólo conseguirás tranquilizarte si te distraes y aíslas completamente del problema.

Enseña a tu hijo a negociar, a hablar con respeto y a exponer sus argumentos con equidad. Prohíbe los gestos groseros, los insultos o acusaciones. Es esencial que aprenda a asumir la responsabilidad derivada de sus propios sentimientos. «No voy a luchar contigo. Me marcho a mi habitación. Cuando estés preparado para hablar sin gritos, ven a verme.»

```
************************************
Santa Ana Public Library - Main Facility
04/28/2018 1:16:44 PM      714-647-5250
************************************
         Items Checked Out
         *****************
```

Gonzalez, Miriam Yareli
21994007383051
F4857932
Title:
50 consejos para vivir mejor con tus
hijos adolescentes /
Item ID: 31994013414393
Call Number:
J SP PARENT 649.125 CIA
Out   04/28/2018 1:16 PM
Due   05/12/2018 11:59 PM
Renewals   999
Remaining:

Current fine $0.00
balance:

Revela todas las formas que pueden reducir las discusiones diarias. Decide lo que es realmente importante y lo que no, y busca nuevas fórmulas para enfocar los problemas. «He encontrado tu ropa limpia esparcida por el suelo junto con la sucia. ¿Cómo crees que podríamos solucionarlo?», o «La hora de acostarse es las once, pero he observado que sigues conectado a Internet hasta mucho más tarde. Sin modificar el horario previsto, ¿se te ocurre algo para resolver la cuestión?».

Para evitar las escaramuzas cotidianas sobre cosas nimias, redacta un contrato que describa con claridad las expectativas y consecuencias:

- Establece positiva y específicamente todas las tareas que deberá realizar y su comportamiento.

- Sugiérele que confeccione una lista de consecuencias en caso de infracción.

- Otórgale puntos por cada tarea realizada o comportamiento ejemplar.

- Asegúrate de que las consecuencias sean inmediatas, apropiadas y lo menos desagradables posible.

Para reducir los conflictos entre vosotros, sigue estos consejos:

- Habla con calma, pero con firmeza.

- No pierdas los nervios.

- Déjale hablar.

- Si tienes dificultades para resolver el problema, escribe una carta con el fin de exponer tus criterios.

- Si grita, recomiéndale que lo haga en su habitación.

- Procura conversar con tu hijo con regularidad.

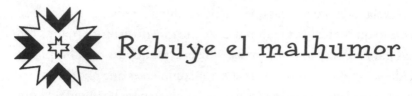

Rehuye el malhumor

Aunque el enfado perturba temporalmente vuestra relación, ayudarlo a expresar y profundizar en sus emociones fortalecerá vuestro vínculo afectivo en los momentos difíciles. Cuanto tu hijo parezca haber perdido el control de la situación, recurrirá a ti para que seas su faro en la tormenta. Si mantienes la calma y no reaccionas con brusquedad, serás capaz de convertir el malhumor de tu hijo en una nueva oportunidad para enseñarle a superar sus frustraciones.

La «autoconversación» del adolescente, es decir, lo que se dice a sí mismo acerca de una situación, es el factor desencadenante de los cambios en su estado de ánimo. ¿Cree que alguien lo ha herido a propósito o lo ha avergonzado delante de los demás? ¿Repite incansablemente estos pensamientos con una creciente intensidad? A medida que tu hijo va repitiendo palabras que generan energía, su corazón late con más fuerza, la respiración se acelera y una opresión en el pecho se apodera de él.

Afortunadamente, cuenta contigo, un padre que lo cuida, para ayudarlo a ser consciente de estas señales iniciales y poder así interrumpir la línea de pensamiento antes de que conduzca a un estallido de ira. Cuando adviertas que tu hijo se está enojando, sugiérele de inmediato que se relaje y que distienda los músculos del estómago. Dile que inspire poco y que espire mucho; el pulso cardíaco y el flujo de adrenalina disminuirán. Luego, reanudad la conversación.

Lo más difícil de enseñar a controlar la autoconversación es convencerlo de que lo que piensa desencadena su estado de ánimo. Aprovechando un momento de tranquilidad, pregúntale cómo se da cuenta de que está empezando a perder los nervios. «¿Notas algo en el cuerpo?», o «Cuando me enfado, mi corazón late con más fuerza. ¿El tuyo también?» Si aun así, le resulta difícil recordar los síntomas físicos que desencadenan un estado de ánimo negativo, evócale un suceso que le haya resultado especialmente desagradable y dile que recree aquella emoción. ¿Lo siente en su cabeza, en el corazón, el pecho o el estómago? Ser consciente de las reacciones orgánicas que preceden a la «explosión» emocional constituye el primer paso para aprender a interrumpirlas.

También le puedes enseñar un vocabulario de sentimientos para que disponga del lenguaje adecuado con el fin de identificar y expresar emociones confusas más allá de las palabras «feliz», «triste» o «miedo». Esto es muy útil si tu hijo es particularmente sensible. Aprender nuevas palabras, tales como «avergonzado», «frustrado», «disgustado» y «ansioso», le ayudará a desarrollar un lenguaje de los sentimientos esencial en sus relaciones interpersonales presentes y futuras.

Se tarda entre cuatro y seis semanas en introducir cambios significativos en la forma de afrontar los estados de ánimo negativos. Aconséjale utilizar frases tales como «No voy a perder la calma», «Soy dueño de mis actos» y «Soy responsable de mi enfado».

Dile que confeccione una lista de lo que le tranquiliza y que distribuya unos cuantos recordatorios por la habitación. Muchos adolescentes aconsejan las técnicas siguientes:

- Escuchar música.
- Escribir poesía o describir sus sentimientos en un diario.
- Realizar una actividad física (dar un paseo, bailar al son de una música a todo volumen, etc.).
- Romper a pedacitos una hoja de papel.
- Tomar un baño o ducharse.
- Liarse a puñetazos con un saco de arena de boxeo en el garaje.
- Llamar a un amigo.

Buscar nuevos enfoques

A Heather le gustaba mucho llevar a la piscina a su hijo y a algunos de sus amigos. Era uno de aquellos momentos en los que podía estar presente pero invisible. Mientras conducía, olvidaban que estaba presente, contando los chistes de moda, los últimos incidentes en la escuela, quién salía con quién y los problemas que tenían en clase. Muchas veces tenía que morderse la lengua para no caer en la tentación de hacer un comentario o dar un consejo. Había aprendido hacía ya tiempo que aquélla era la forma más segura de dar por terminada una conversación y de obtener un mutis por respuesta. Dominaba el arte del sigilo, lo cual le permitía saber más cosas de la vida de su hijo y de la escena social.

Convierte tu hogar en un cielo para los adolescentes ofreciéndoles meriendas y un espacio privado con diversos entretenimientos. Nada invita más al diálogo que un nutrido grupo de adolescentes en una cocina bien provista de apetitosas delicias culinarias. Incluso puedes oír más de lo que desearías. Unos cuantos pastelitos incitan a hablar y reír.

Como padres, solemos seguir utilizando los mismos viejos métodos cuando interactuamos con nuestros hijos adolescentes. Es posible que estas técnicas funcionen con otros miembros de la familia o que hubieran dado resultado en tu infancia. Busca un nuevo enfoque para tu rol de padre, separando tus sentimientos del comportamiento de tu hijo y concentrándote en analizar las cosas desde una cierta distancia para vislumbrar objetivamente cuál es la mejor manera de establecer límites y de iniciar un cambio. Experimenta, explora y descubre formas inusuales y exclusivas de educar a tu hijo durante estos años de dudas permanentes. Procura encontrar nuevas soluciones a los viejos problemas e inventa una forma original de comunicación.

Cuando introduzcas un cambio, se producirá un efecto de onda, como si acabaras de arrojar una piedra en un estanque, y tu hijo tendrá que aprender nuevas formas de comportarse contigo. Fortalece poco a poco tus vínculos afectivos con él pasando tiempo juntos, mediante una escucha activa y palabras de reconocimiento. Sé sincero contigo mismo. En lo más profundo de tu corazón deseas establecer una relación que dure toda la vida.

Veamos a continuación algunos enfoques que podrías intentar:

- Descarta lo que no da resultado y no pretendas machacar sobre lo que ya funciona.

- Cuando le sugieras hacer algo, hazlo con el menor número de palabras posible.

- Escucha más y habla menos.

- Dialoga a diario, no sólo en situaciones de crisis.

- Pasad tiempo juntos explorando los intereses de tu hijo.

- Enséñale respeto, aceptación y tolerancia.

- Impón un «descanso» cuando se enoje.

- Pasad una tarde a solas cada semana y otra con la familia.

- Charlad mientras hacéis algo juntos. En estos momentos tu hijo bajará la guardia.

- Confecciona una lista de cosas que puede hacer para obtener privilegios adicionales.

- Visualiza un adolescente feliz y equilibrado, sobre todo cuando no lo esté.

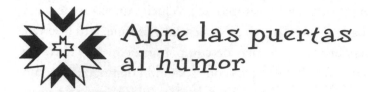

Abre las puertas al humor

Los adolescentes tienen un extraordinario sentido de la diversión y son más dichosos cuando se sienten conectados con el mundo a través del humor. He oído decir a muchos de ellos: «Me lo paso en grande cuando estoy con mis amigos. Escuchamos música a todo volumen y nos reímos sin cesar». Al reír, aumenta el flujo de endorfinas, estabilizando y fortaleciendo el estado de ánimo para superar mejor el estrés. También aumenta la concentración, cuando se ríe, los pequeños sinsabores son más fáciles de superar. La tensión en casa se disipa y se impone la paz.

A menudo, lo que los adolescentes varones consideran divertido dista mucho de lo que opinan las chicas. Tu hijo te puede desafiar con un juego de palabras o hacer preguntas que sabe que no podrás responder. Le gusta bromear y espera que tú hagas lo mismo con él. Tu hija, en cambio, puede reírse nerviosamente cuando dices algo ocurrente y se lo cuenta a sus amigas. En realidad, incluso puede imitarte. Tal vez sea inusual para ella contar chistes, pero le encanta poner a prueba el ingenio de los demás. Le gusta sentarse en grupo y reírse de las anécdotas de la escuela.

Una madre alquiló un disfraz de gallina para Halloween. Para gastar una broma a su hijo, se puso la cabeza del disfraz y fue a recogerlo a la escuela. Esperó en el aparcamiento. Su hijo y sus amigos se dirigían lentamente hacia el coche sin advertir que se trataba de su madre. Por fin, uno de los muchachos exclamó: «¿Qué lleva tu madre en la cabeza?». Medio horrorizado, medio riendo, su hijo gritó: «¡Mamááá, no vuelvas a venir así a la escuela nunca más!».

Si tu hijo no es bromista por naturaleza, puedes enseñarle a serlo. Busca el humor en las cosas en lugar de la humillación cuando acontezca algo absurdo en tu vida y descríbeselo de tal modo que se pueda sentir identificado. Libera la tensión con una anécdota o un chiste rápido. Mientras estaban tomando unas cuantas fotografías familiares y todos sus hermanos protestaban e incordiaban los unos a los otros, el hermano adolescente dijo en voz alta: «¡Parecemos muñecos de feria!». Todos rieron, el estado de ánimo de todos dio un vuelco y las fotos salieron a pedir de boca.

Ríete de ti mismo y cuenta anécdotas divertidas o situaciones comprometidas. Aprovecha la cena familiar para relatar algo ridículo que haya sucedido durante el día. Sugiere a tu hijo que intente recordar alguna situación parecida. Al principio, es posible que se muestre algo reacio, pero poco a poco se sentirá más cómodo y acabará soltando sonoras carcajadas. Reír en familia alivia las tensiones y ayuda al adolescente a superar situaciones potencialmente negativas.

Si abres las puertas al humor, fortalecerás los lazos de cordialidad y afecto entre los miembros de tu familia y podréis reír juntos de las mismas cosas. El humor crea un sentimiento de pertenencia al núcleo familiar y contribuye a superar los problemas colectivamente.

Veamos algunos consejos que pueden desencadenar el humor en la familia:

- Recorta tiras cómicas o chistes del periódico y pégalas en la puerta del frigorífico.

- Cuenta una anécdota ridícula que te haya sucedido.

- Ved una comedia juntos.

- Haz un especial hincapié en una parte de cualquier anécdota divertida con la que tu hijo se pueda sentir identificado.

- Plantea juegos de palabras, ríete de los errores y sonríe cuando se muestre malhumorado.

- Considera las enseñanzas humorísticas como una parte de la salud y el bienestar psicológicos.

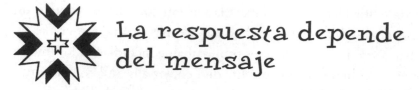# La respuesta depende del mensaje

A medida que tus hijos van creciendo, a menudo, la forma de comunicarse con ellos cambia radicalmente, pasando de la compasión a las órdenes. Cuando un niño de dos años llega a casa corriendo con una rodilla magullada, solemos decir: «¡Vaya por Dios!, ¿te has caído?». Más tarde, cuando es un preescolar: «¡Oh, no! Te duele mucho, ¿verdad? Te pondré una venda». En primaria: «¡Cielos! ¡Esto duele! Limpiaremos la herida y ataremos bien los cordones de los zapatos para que no vuelva a suceder». En secundaria: «Ponte una venda. Si te atas los cordones de los zapatos, no tropezarás». Y por fin, en la adolescencia, algunas veces todo se convierte en una orden: «¡Átate los cordones de los zapatos!».

Lo que parece ser una comunicación eficaz, ahora tu hijo lo percibe como una orden, un «echarle la culpa» y una desaprobación. Las líneas de comunicación se han cortado, y esto crea dificultades a la hora de hablar con el mismo lenguaje cuando está preocupado o se siente estresado por las cosas que están sucediendo en su vida. Lo que capta de lo que has dicho y lo que realmente has dicho puede ser extremadamente diferente. Cuando quieres hacerle algún comentario y le dices: «Mark, necesito hablar contigo», muchas veces responde: «¿He hecho algo?».

Averigua dónde pierden su pretendido significado tus mensajes. Da un paso atrás y reflexiona sobre si estás dando más órdenes que sugerencias. ¿Hay enojo en tu voz? ¿Hablas en «monólogo», sin escuchar su punto de vista? ¿Tratas a tu hijo con el mismo respeto con el que tratarías a un amigo, o interrumpes la conversación sin el menor miramiento cuando te desafía?

Dos personas serán incapaces de interactuar de la misma forma en la que solían hacerlo si una de ellas hace algo distinto, por mínimo que sea. Si buscas una «tierra de nadie» en la que ambos os sintáis satisfechos de vuestra forma de relación, evitarás los tira y aflojas y suavizarás un poco más las actitudes bruscas de tu hijo. Confía en él y dile: «Es la primera vez que tengo un adolescente en mi vida. También es una experiencia nueva para mí». Propicia una comunicación directa, sin segundas intenciones o significados ocultos. Si hay algo importante que deseas discutir con tu hijo, analízalo de antemano para que tus preguntas generen confianza y consideración. Habla con calma pero con firmeza, y asegúrate de que el tono de tu voz se ajusta a tus palabras y lenguaje corporal.

Cuando le agradezcas algo, como por ejemplo, «Gracias por haber aseado el baño...», no lo estropees con «... pero olvidaste limpiar los grifos». Déjalo para mañana. No hables precipitadamente, controla la presión y el énfasis en tus palabras y utiliza frases tales como: «Veamos si podemos conseguir arreglarlo».

Estás educando a tu hijo en la forma de hablar con los demás para que éstos escuchen. Procura que los mensajes sean breves y simples, llenos de cariño y afecto.

Prueba lo consejos siguientes; te ayudarán a transmitir correctamente tu mensaje:

- Habla a tu hijo como a un amigo.

- Da respuestas directas a preguntas directas.

- Mantén un tono de voz agradable y relajado.

- Elimina los «tienes que...» cuando discutas algo que debe cambiar.

- Enséñale a hacer algo diferente sin enfadarte, como si estuvieras ordenando tus ideas en un e-mail antes de enviárselo.

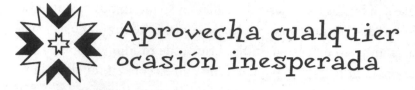

Aprovecha cualquier ocasión inesperada

Echa la vista atrás y recuerda cuando eras un adolescente. ¿Cuáles eran los momentos más memorables? ¿Quién estaba a tu lado y qué hacías? Evoca estas imágenes tan especiales para ti, las fragancias, los sentimientos. Es más que probable que tus padres y tus hermanos formaran parte de aquellos instantes maravillosos.

Debra recuerda que estaba frente a un ventanal con su madre, poco antes de Navidad, el día en que cumplía quince años. Era casi medianoche y la casa estaba en penumbra. Grandes copos de nieve se pegaban al cristal, el susurro del viento... «Piensa en aquel día», le dice su madre. «Estamos sentadas en casa. Llevas puesto el albornoz rosa; yo el azul. Miramos encandiladas los copos de nieve cayendo del cielo, cada uno único y exclusivo como tú. Siempre que veas nevar, recuerda aquel día.» La madre de Debra había aprovechado una ocasión inesperada para estrechar los vínculos afectivos con su hija.

Las oportunidades nos asaltan a diario, aunque a menudo estamos demasiado ocupados para darnos cuenta. La mayoría de las veces, intentas propiciar una nueva aventura de interacción, pero tu hijo te ignora. ¡Es exasperante! Le has preguntado en infinidad de ocasiones si querría acompañarte a la compra, a tomar algo o al cine. Tal vez te sientas frustrada al comprobar que todas tus ideas para encontrar nuevas formas de conexión fracasan estrepitosamente. Sin embargo, si lo piensas más detenidamente, de pronto descubres que todas tus solicitudes se han producido en tu marco temporal y no en el suyo. De ahora en adelante, deberás estar disponible el ciento por ciento de tu tiempo. Alguna vez sonará la flauta, aunque sólo sea por casualidad, como en la fábula.

Muchas oportunidades de interrelación se producen al cruzar la habitación o poco antes de acostarte. Tu hijo puede sugerir algo inesperadamente, precisamente cuando estás más cansada como para reaccionar de un modo coherente. Quizá ande de un lado a otro de la casa, observe lo que estás haciendo o esperando a que lleguen sus amigos para ir juntos a una fiesta. ¿Te estará transmitiendo un mensaje de que desea pasar un rato a solas contigo?

Es posible que no adviertas su invitación hasta mucho después. Cada martes, Toni veía un determinado programa en televisión. Una noche su madre decidió dejar para mañana lo que estaba haciendo y se sentó junto a él. El martes por la noche se convirtió en un ritual, y juntos empezaron a disfrutar compartiendo el programa.

Intenta crear ocasiones inesperadas siguiendo estos sencillos consejos:

- Si tu hijo se acerca a ti, deja lo que estás haciendo y préstale atención.
- Pregunta: «¿Quieres hablar de ello?».
- Leed el mismo libro.
- Ved juntos un programa de vídeos musicales y comentad las canciones.
- Tómate el día libre y acompáñalo al examen de conducir.

 # Escucha con el corazón

Jill, la novia de Travis, había roto con él, y por mucho que lo consolaban sus amigos y su familia, estaba desesperado. Durante semanas anduvo cabizbajo y con una irremisible tristeza en su voz. Su estado de ánimo iba de mal en peor día a día, y sus padres estaban muy preocupados. Un día, su madre, consternada por el desconsuelo de su hijo, se sentó en el sofá a su lado. Travis estaba frente al televisor con la mirada perdida. En un susurro, le dijo: «Duele, ¿verdad?». Asintiendo lentamente con la cabeza, Travis empezó a hablar de su profundo dolor, sentimiento de rechazo y del miedo a no ser capaz de amar a nadie más como amaba a Jill. En lugar de animarlo o aconsejarlo, su madre le escuchó atentamente con el corazón, sintiendo el sentimiento que se escondía detrás de cada palabra mientras su hijo se esforzaba por encontrar algún significado a aquella situación.

Todo adolescente necesita poder contar sus experiencias a alguien que le importa, ser escuchado sin que nadie le dé su opinión o intente darle un consejo. Escucharlo sin juzgarlo es una bendición para él. Le ayuda a creer que es válido, necesario y querido. Cuando lo escuchas con el corazón, tu hijo descubre que no está solo y que puede confiar ciegamente en ti.

Para escuchar con el corazón debes estar «presente» emocional, física y mentalmente. Siéntate tranquilamente, relájate, deja de andar de acá para allá trajinando en la casa, elude las distracciones y préstale toda tu atención. Observa su lenguaje corporal y piensa única y exclusivamente en los sentimientos que subyacen debajo de las palabras. Concéntrate en lo que está diciendo en lugar de pensar lo que dirás a continuación. No interpretes; acepta sus sentimientos sin pretender cambiarlos o hacer sugerencias.

Cuando el único sonido que oigas en la habitación sea la voz de tu hijo, percibirás el latir de tu corazón y tu respiración rítmica y relajada. Será como si el tiempo se hubiera detenido, y el amor que sentís aumentará a cada momento. Cuando se gire y se incline hacia ti, sabrás que has conseguido establecer una conexión inquebrantable con él.

Estás dando cuanto tienes en tu interior y «estás allí» en cuerpo y alma. Escuchar así es como abrazar su espíritu y compartir un amor incondicional. Tal vez no resuelva inmediatamente el problema, pero cuando buscas comprensión, siempre ayuda abrir una infinidad de posibilidades para superar su infelicidad.

Ser escuchado es una de las principales necesidades del ser humano. Queremos que se nos preste atención. Proporcionamos a nuestros hijos varones un lenguaje para describir sus experiencias, y enseñamos a nuestras hijas a exteriorizarlos y a que aprendan que no tienen por qué desarrollar un sentimiento de culpabilidad después de una trasgresión.

Escuchando así, ofreces amor, respeto y una oportunidad para profundizar en vuestra relación. «Congela» ese momento; perdurará toda la vida y puede marcar la diferencia entre sufrir las consecuencias de una cicatriz y dejar que el dolor se disipe. Este período de tiempo es breve y transcurre con rapidez. Escucha a tu hijo con el corazón.

Cuarta parte

De la cuna al coche: ¿Por qué necesita tanto espacio tu hijo adolescente?

El fruto espinoso

Érase una vez una niña cariñosa y tierna que recibía de buen grado y devolvía con creces todo el amor que le ofrecían sus padres. Pasaron los años y aquella dulce flor maduró y dio lugar a un fruto espinoso. La niña se convirtió en adolescente, recubierta de una gruesa cáscara plagada de espinas que disuadía de darle abrazos y caricias. Los padres se sentían descorazonados, confusos y en ocasiones disgustados con aquel nuevo y exótico fruto que parecía rechazar cualquier intento de aproximación.

Las relaciones padres-hija sufrieron una enorme transformación. Aquella cáscara no era sino el muro que la muchacha había levantado entre ellos. En realidad, aunque tu hijo quiera que estés cerca, puede pensar que los besos y abrazos ya no son necesarios, y no ha madurado lo suficiente emocionalmente como para aceptar tu afecto. Quizá los intentos de buena fe le parezcan invasores. Cierto es que de vez en cuando implorará un mimo, pero esos momentos sólo se darán en contadísimas ocasiones. Ahora bien, para su bienestar general, establecer y mantener una proximidad física constituye todo un desafío que merece la pena afrontar.

Si quieres bailar, aprende los pasos para conectar con él. Es tu hijo quien pone límites a tus intentos de demostrarle afecto, ¡y a fe que se toma la tarea muy en serio! La clave reside en saber cuándo tus tácticas de acercamiento están fuera de lugar o no son bien recibidas. Si estableces previamente una relación físicamente expresiva con él, tendrás alguna posibilidad, a pesar de todos los pesares, de mantener un cierto grado de intercambio positivo. Asimismo, ambos podréis experimentar emociones y conflictos más intensos durante el proceso de separación, facilitando la adaptación a la distancia física.

Es probable que tu hijo varón no se sienta cómodo con los signos evidentes de afecto, pero puede responder de otras formas, presentándote a sus amigos por ejemplo, mientras que tu hija, por su parte, puede manifestar su amor dejando que la abraces, aunque sin devolverte el abrazo. Podría decir: «Te quiero, mamá» mientras sale sigilosamente por la puerta antes de que puedas responderle: «Yo también te quiero».

Evalúa y pon a prueba la tolerancia y aceptación de tu hijo a los mimos. Es posible que le baste con una palmadita cariñosa en la espalda, un fugaz abrazo y una caricia en el pelo. Negocia su grado de aceptación tanto verbalmente como a través de la observación. «Si te incomodo invadiendo tu espacio con un abrazo o un beso, ¿de qué forma crees que podría demostrarte mi amor?» Pregúntale de qué modo desearía que expresaras tu satisfacción e interés en su vida, incluyendo cuándo, dónde y delante de quién. Propicia la conversación con tu hijo; os comprenderéis mejor y ambos os sentiréis más satisfechos.

El afecto, admiración y amor siempre serán una parte crucial en el bienestar del adolescente, aunque se muestre reacio a reconocerlo. Ante todo, pedir permiso: «¿Puedo abrazarte?». Si responde que no, inténtalo de nuevo en otra ocasión. Es una etapa muy breve, y una vez superada, abrirá nuevamente sus puertas a tu cariño y amor. Esta tierna relación que estás alimentando necesitará reflexión, perseverancia y paciencia. Veamos algunas sugerencias para cultivar tu afecto hacia él:

- Entra siempre en su habitación para darle un beso de buenas noches (¡llama siempre antes de entrar!).

- Busca su afecto cuando se sienta feliz, entusiasta o alegre.

- Si percibes en él una pizca de tristeza, pregúntale: «¿Puedo abrazarte?».

- Dile «Te quiero» cada vez que salga de casa.

Dónde terminas tú y dónde empieza él

Desde que tu hijo vino al mundo, has mantenido un vínculo de amor tan sólido como una roca. Durante muchos años todo parecía indicar que nada podría ni tan siquiera hacer mella en la superficie de aquel vínculo, pero ahora tu hijo ha crecido e intenta crear un «yo» nuevo y perfectamente definido. Durante la adolescencia es natural que tu hijo se pregunte: «¿Quién soy?» y «¿En qué me diferencio de mis padres?». Es la tarea más importante en el desarrollo adolescente y la base de la formación de su nueva identidad.

Tu hijo necesita tu aprobación para separarse de ti, al igual en su día necesitaba tu permiso para cruzar la calle. Te implora aceptes este proceso de identidad individual que le permitirá pensar y decidir por sí solo, aprender de los errores y arriesgarse a tropezar de nuevo con la misma piedra. Si demuestras tu voluntad de cambiar con él, creceréis juntos. Dile: «Me gusta cómo has hecho esto. ¿Me lo explicas?».

Aunque le dejes desarrollar su independencia y crear una nueva identidad, sigue necesitando tu ayuda en su nuevo «yo». Permanece a su lado cuando parezca quedarse sin palabras o cuando haya cometido un terrible error. A través de estas experiencias aprenderá a respetarse a sí mismo y no necesitará fingir que es alguien que en realidad no es. Durante este período de crecimiento, aprende una infinidad de cosas acerca de sí mismo e intenta desempeñar nuevos roles, muchos de los cuales descartará, reservando unos pocos en los que profundizar.

Cuanto más seguro de sí mismo se sienta el adolescente, más capaz será de determinar los límites de su individualidad en la familia. Permanece siempre a su lado para ayudarle a la hora de trazar la línea divisoria entre donde tú terminas y donde empieza él.

Presta atención a estos signos:

- Tiene amigos íntimos.
- Distingue entre sus sentimientos y los de los demás.
- Se empeña en alcanzar objetivos y hacer realidad sus deseos.
- Está aprendiendo a satisfacer sus propias necesidades.

El aprendizaje en el establecimiento de límites es un proceso individual y cabe la posibilidad de que tu hijo aún no sea capaz de afrontarlo solo. Utiliza las estrategias siguientes:

- Ayúdale a que asuma las responsabilidades derivadas de su forma de pensar, sentir y comportarse.
- Enséñale a ser consciente de las situaciones de riesgo.
- Delimita su espacio físico aproximándote lentamente a él hasta que empiece a sentirse incómodo. Deberá identificar este sentimiento.
- Demuéstrale cómo debería reaccionar cuando alguien se atreve a invadir su espacio personal.

# Más allá del bosque

Tori llegó al instituto para recoger a su hijo Jake. Tras una espera de veinte minutos, se dirigió al patio y preguntó a un grupo de alumnos si lo habían visto. Junto a ella, Tori oyó una voz profunda diciendo: «Estoy aquí mamá». Con su pelo de punta, sus pantalones desmedidamente anchos y su camiseta se había mezclado totalmente con el grupo. ¡No lo había reconocido!

Lo que «vemos» y «oímos» es un estado de la mente. Nuestras percepciones rigen nuestros pensamientos. Cuando se pronuncia la palabra «adolescencia», los demás padres asienten en señal de comprensión y resignación. Acaban de evocar una vívida imagen de vorágine, confusión y cambios en el estado de ánimo. Por mucho que tu hijo se esfuerce en ser como sus amigos, exige que lo veas como un ser único que tiene una finalidad especial en el mundo. ¡Ni se te ocurra considerarlo una simple parte de un grupo!; presta atención a sus esperanzas, sueños y pasiones.

En más de una ocasión te preguntarás si su desarrollo hará de él un adulto responsable. Habitualmente, la respuesta será afirmativa. Contempla la panorámica desde la distancia. ¿Es un buen chico? Si es así, alivia tu ansiedad y mira más allá del bosque; esto te permitirá adivinar aquello en lo que realmente se está convirtiendo. Fíjate en sus puntos fuertes, no en los débiles, y mantén un enfoque individualizado.

Aunque ponga la música a todo volumen y vibre el suelo, en realidad no es así, sino que simplemente le gusta escucharla en plenitud. Algunos de los pósters que cuelgan de las paredes de su habitación pueden sorprenderte, pero debajo de estas alarmantes formas de arte subyace el cálido corazón de tu hijo. Recuerda que ayuda a los demás cuando lo necesitan, sabe escuchar incluso cuando le puede el cansancio y toma decisiones más reflexivas de lo que imaginas, aunque no siempre deja que lo sepas.

Has mantenido una buena relación con él y no hay motivo para que ahora sea diferente. Veamos algunas actitudes que podrías adoptar:

- Haz un alto en el camino y disfruta de la maravillosa visión de tu hijo.

- Considéralo algo único y especial.

- Reconoce las cualidades que lo hacen diferente de sus amigos.

- Ayúdalo a descubrir el significado y la finalidad en la vida.

- Atiza el fuego en su interior para que se atreva a conquistar el mundo.

Enséñale a decir que no

Como padre, el mayor de tus miedos puede ser cómo enseñar a tu hijo a decir «no» en situaciones de presión. Confías en que, a través de los años de influencia, haya aprendido a mantenerse alejado de las actividades peligrosas o que retroceda ante un desafío.

Enseñarle técnicas de «negativa» comporta el compromiso de perseverar pese a las barreras del entorno y del consejo bienintencionado de su mejor amigo. Recuerda que como padre sigues ejerciendo una poderosa influencia sobre él. No le adviertas de los riesgos; dile que no tiene por qué atenerse siempre al criterio de sus amigos. Cuéntale alguna anécdota que te haya sucedido en el pasado para ilustrar tus palabras.

El adolescente siente la imperiosa necesidad de formar parte de un grupo, de tener un sentimiento de pertenencia y sentirse valorado, importante y atractivo. Aunque preferirías que adquiriera seguridad en sí mismo en el seno familiar, seguirá deseando la afirmación del grupo. Así pues, ¿cómo podrías enseñarle a no adaptarse a todo cuanto le proponen y a motivarlo a ser diferente? ¿Cómo explicarle que tiene el derecho a decir «no» y a establecer unos límites que perdurarán toda su vida?

Tu hijo se convertirá en aquello que hayas profetizado que será. Puedes predecir el comportamiento futuro fortaleciendo un punto de vista positivo de sí mismo. Enseñarle técnicas de «negativa» supone mucho más que aprender a decir «no». Debes demostrarle con palabras, afecto y lenguaje corporal que su finalidad en la vida va mucho más allá de un reto inmediato. Si te eriges en el espejo de tu hijo, reflejarás tu creencia en sus recursos y capacidad para tomar decisiones acertadas.

Si el muchacho no está preparado para afrontar la presión, puede caer fácilmente en una sima profunda de situaciones desaconsejables creyendo que no hay alternativa. Enséñale a preguntarse: «¿Qué tipo de cosas no quiero hacer?», «¿Cuáles son las consecuencias?», «¿Me están presionando?». Si la respuesta es afirmativa, recomiéndale izar una bandera roja en señal de peligro.

El adolescente deberá aprender a decir «no» evitando las malas maneras, partiendo de la base de que otros adolescentes reaccionan con brusquedad a la hora de defender lo que quieren hacer. Enséñale a transmitir mensajes no verbales, tales como negar con la cabeza o mantenerse firme con los brazos cruzados. Anímalo a guardar una excusa en su memoria: «Lo siento, no me interesa». Explora diferentes formas de evitar una situación al tiempo que busca una nueva y mayor aceptación del grupo. Y lo más importante, ayúdalo a establecer objetivos personales. Si tiene una clara perspectiva de su futuro, podrás anticipar una vida de autoconfianza, certeza y esperanza.

Formas de decir «no»

1. Pronuncia el nombre de tu interlocutor y míralo a los ojos mientras identificas el problema («Austin, ¿me estás diciendo que hoy no quieres ir al instituto?»).
2. Clarifica la cuestión («¿Quieres que me salte la clase?»).
3. Manifiesta las consecuencias personales («Si lo hago, me echarán del equipo»).
4. Sugiere una alternativa («Vayamos a la tienda de discos al salir de clase»).
5. Si tu interlocutor insiste, márchate.

El desorden en casa

Desde que suena el despertador por la mañana hasta que tu hijo se acuesta, los días pasan fugazmente de una distracción en otra. Queda poco tiempo para aquellas rutinas que antes conferían estabilidad en medio de la confusión. Si esperas pacientemente a que crezca y se convierta en un adulto sereno y tranquilo, la espera puede ser muy larga. Crea nuevos hábitos que aporten orden a tu hogar.

Establece de nuevo prácticas sensatas considerando a tu familia como un sistema unitario cuyas interacciones y comportamiento influyen en el sosiego general. Dedica una semana a confeccionar una lista de las actividades que realiza cada uno de los miembros de la familia con el máximo detalle posible, y luego examínala con detenimiento. ¿Qué actividades se podrían eliminar?, ¿qué actividades se podrían añadir a la rutina diaria? y ¿qué cambios se podrían introducir para potenciar la armonía familiar?

Incluye cenar a la misma hora cada día, que te ayuden a poner la mesa, a retirar los platos y a fregar los cacharros. Establece la misma rutina para cada miembro del grupo con el fin de implantar una pauta automática, no autocrática. Si tu hijo suele comer algo transcurrido algún tiempo después de cenar, dile que meta los platos en el lavavajillas y que limpie la encimera para que todo esté ordenado y aseado a la mañana siguiente. Cuelga una hoja de papel en la puerta del frigorífico detallando las tareas domésticas que debe realizar a lo largo del día.

No apagues el televisor demasiado tarde por la noche para poder disfrutar de un poco de silencio en casa. Fomenta la lectura; crea un espacio en el que tu hijo pueda estudiar en silencio sin que lo molesten sus hermanos, amigos o llamadas telefónicas, y con todo cuanto necesita al alcance de la mano. Si dice: «Pero es que no tengo deberes», sugiérele que se siente en su butaca y que lea durante una hora o que trabaje en algún proyecto.

Coloca un bloc junto al teléfono para anotar los mensajes. Quien revise el contestador automático será responsable de transcribir la información con precisión. Todos los miembros de la familia deben consultar la lista de tareas con regularidad. Dile a tu hijo que anote también en el bloc adónde ha ido y con quién. Haz lo propio cuando salgas de casa, indicando la hora a la que previsiblemente estarás de vuelta.

Si tu hijo tiene coche o usa el vehículo familiar, debería lavarlo, encerarlo y limpiarlo con la aspiradora cada sábado. Cuando termine, procura que se acostumbre a llevarlo a la gasolinera para llenar el depósito y evitar así innecesarias salidas nocturnas a la estación de servicio. Enséñale a cambiar un neumático y a pagar las multas para que aprenda a asumir sus responsabilidades.

Reserva un tiempo semanal para estar con él. Debe saber que lo haces para poder disfrutar de su compañía, y a menos que surja una situación imprevista y justificada, no incumplas tu compromiso; así comprenderá lo importante que es para ti.

Si tu hijo está teniendo un día especialmente estresante, enséñale técnicas de relajación, a tumbarse con los ojos cerrados imaginando un punto rojo de calidez que inicia su recorrido en la punta de los dedos de los pies y que asciende poco a poco, extendiéndose por todo el cuerpo, hasta sentirse completamente relajado. Llegados a este punto, dile que imagine un lugar en el que se haya sentido feliz y con una extraordinaria paz interior, mientras repite para sí:«Estoy relajado, tengo éxito y me siento bien».

Crear un hogar en el que reine la tranquilidad lleva tiempo y esfuerzo, pero una vez sentadas las bases, la armonía seguirá proporcionando al adolescente un cielo seguro en un mundo caótico.

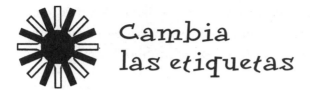

Cambia las etiquetas

Tu hijo se convertirá en aquello que hayas predicho que será. Dile que es inteligente, bueno y digno de confianza, y crecerá en la creencia de que efectivamente tiene estas cualidades. Llevará una vida coherente como si todo cuanto le dijiste fuera verdad.

Sandra tenía una hija extremadamente obstinada que, a los trece años, era capaz de sumirla en un mar de lágrimas de frustración casi a diario. Un día, mientras se quejaba amargamente a su propia madre, ésta dijo: «Rachel es todo corazón. Tiene una personalidad artística que hace de ella una persona sensible al entorno». A partir de aquel momento, Sandra empezó a cambiar la percepción que tenía de su hija, pasando de considerarla una chica desafiante a otra muy diferente, sensible y comedida. Ahora, a los veinte años, Rachel disfruta de una maravillosa relación afectiva y de proximidad con su madre.

Trata a tu hijo como la persona en la que quieres que se convierta. Aun después de haberse portado mal, dile: «Allison, me asombras. Sueles ser reflexiva y amable». Sustituye las etiquetas tales como «rezongón» por «expresivo», o «crítico» por «sutil». Si lo haces así, tu perspectiva en relación con tu hijo sufrirá una transformación muy positiva.

Si deseas que cambie su comportamiento, actúa como si ya lo hubiera hecho. Demuéstraselo con las palabras, el lenguaje corporal y el tono de voz. Cuando estés preocupado porque ha tomado una decisión desacertada, di: «Sé que harás lo correcto. Siempre lo haces». A medida que vayas subiendo el listón, tus expectativas también cambiarán.

Presta atención a diario a lo bueno que hay en tu hijo, haciendo un hincapié muy especial en sus muestras de cariño, reflexión y responsabilidad. Repite en tu mente frases asertivas lo más a menudo posible y en tiempo presente, como si fueran ciertas. Antes de lo que imaginas, estas palabras habrán quedado impresas en tu memoria e influirán positivamente en la relación con tu hijo. Veamos algunos ejemplos:

- «Tengo un hijo estupendo.»

- «Cada día estamos más unidos.»

- «Cuando discute, está poniendo a prueba su capacidad de negociación.»

- «La adolescencia es mi etapa favorita.»

- «Día a día descubro cosas extraordinarias en mi hijo.»

- «Lo amo con todo mi corazón.»

Ahora prueba estas técnicas; te ayudarán a cambiar las etiquetas en relación con tu hijo:

- Confecciona una lista exhaustiva de las cualidades de tu hijo y luego fíjate en una de ellas cada día.

- Fomenta positivamente estos comportamientos.

- Etiqueta los problemas como «retos».

- Busca el lado positivo a las situaciones negativas.

- No te tomes su comportamiento como algo personal.

Despierta el interés de tu hijo

A medida que el adolescente se aproxima a la edad adulta, necesita una paternidad menos formal y una relación más profunda contigo. Si quieres fomentar esta amistad y proximidad mientras transcurren los años, descubre formas amenas de relacionarte con él.

Convivir con un adolescente probablemente significa pasar más tiempo organizando y controlando que pasando un buen rato. Cuando era un niño, podías entrar en su habitación y participar en el juego o actividad que estuviera realizando. Pero ahora, con las presiones del trabajo y la escasez de tiempo libre, «jugar» con tu hijo podría ser más parecido a una tarea doméstica que a una diversión. Esto es especialmente cierto si realiza múltiples actividades.

Se requiere energía creativa para despertar el interés de tu ocupado adolescente, pero el esfuerzo merece la pena. Te verá como una persona con la que se puede relacionar. Averigua los ratos que ambos tenéis libres y confecciona una lista de cosas que podríais hacer juntos. Incluso lo puedes considerar como una especie de «cita» con un cliente. Prográmalo en tu agenda y pregúntale si le parecería bien. Luego cumple tu compromiso a toda costa aun en el caso de que surja algún imprevisto. El tiempo con tu hijo es sagrado. Diciendo «no» a otras necesidades, comprenderá lo importante que es para ti. En caso de que la situación se te escape completamente de las manos, explícaselo y reprograma la cita.

Aunque sólo se trate de salir juntos a comer o de una rápida visita al centro comercial, tu hijo apreciará la atención que le deparas. Procurad estar siempre a solas. Una tercera persona cambiará drásticamente la dinámica de la interacción y a menudo disuadirá a tu hijo de hacer o decir algo.

Veamos algunas formas divertidas de conectar con el adolescente. Hacedlo juntos:

- Entra en la sala de estar con un *post-it* pegado en la nariz.

- Id al aeropuerto y simulad dar la bienvenida a los pasajeros.

- Hablad en una lengua inventada.

- Desafía a tu hijo a una partida de billar.

- Jugad a un videojuego.

- Tumbaos en una manta en agosto y observad las estrellas fugaces.

- Acompáñalo a comprar ropa nueva y dale tu opinión siempre con buen humor.

- Id a un concierto y tomad un refrigerio al salir.

- Amontonad hojas secas en el jardín y saltad.

- Jugad al baloncesto con la canasta del jardín aunque no tengas ni idea de cómo se coge la pelota. Es una simple excusa para reír.

- Salid de excursión.

- Haced ejercicio físico juntos.

- Organizad un juego de «en busca del tesoro» e invita a sus amigos.

- Id a una tienda de música y deja que te hable de sus estilos favoritos.

- Organizad un combate de globos de agua en verano.

En los momentos de gloria

El profesor de matemáticas de Pete llamó por teléfono. Quería saber si sus padres sabían que su hijo iba a recibir un premio en una ceremonia que se celebraría el viernes. Se quedaron asombrados. No sólo no tenían ni idea de la ceremonia, sino que tampoco sabían nada respecto al premio. Sin decirle una palabra, los padres de Pete se presentaron en el salón de actos y se sentaron en una de las primeras filas. Cuando su hijo subió al escenario, se pusieron en pie y aplaudieron. Asombrado, Pete se sonrojó, sonriendo mientras bajaba las escaleras.

Por mucho que tu hijo insista en que no debes ir, ve y aplaude con entusiasmo. Tal vez se queje de que lo estás avergonzando delante de sus amigos, pero en el fondo está encantado. Quizá te diga que ningún padre sacará fotos. No cedas. Dale a entender que aunque no necesite que vayas, es importante para ti.

Sé una presencia constante y estimulante en su vida. Asiste a las competiciones deportivas, presentación de proyectos científicos, etc., prepara un aperitivo el día de su graduación e invita a todos sus amigos. Participa en la Asociación de Padres de Alumnos y colabora en la organización de eventos escolares. Tal vez puedas echar una mano en la biblioteca y procura mantener una buena relación con los directores y profesores. Si no tienes tiempo para realizar este tipo de actividades, preséntate voluntario para hacer llamadas o enviar e-mails. Organiza cenas de gala en casa la víspera de una ceremonia o acto escolar para entablar amistad con otros padres y adolescentes.

Invita a los abuelos, tíos, tías y primos para fortalecer el sentimiento de pertenencia de tu hijo al grupo familiar. Procura mostrarte interesado y sonreír aunque en realidad te estés aburriendo o estés cansado. Compórtate como si fuera la ocasión más importante a la que hayas asistido jamás. Una madre, para horror de tu hijo, solía gritar: «¡Adelante cariñito!» en los partidos de hockey. Llegado el torneo estatal, sus compañeros de equipo le pidieron que se sentara en la zona de la defensa. Necesitaban a alguien que los animara, y los demás padres se mostraban reacios a hacerlo.

Existe una conexión positiva entre tu nivel de implicación en la vida de tu hijo y sus logros personales y académicos.

Veamos algunas formas de expresar apoyo:

- Invita a los padres a posar para una foto antes del espectáculo, el partido o la ceremonia.

- Asiste a las competiciones deportivas aunque tu hijo no juegue. Coméntaselo antes y pregúntale si podrías ir juntos.

- Conviértete en su *cheerleader* y anima también a sus compañeros.

- Asiste a competiciones deportivas en las que participen sus amigos.

- Si gana su equipo, organiza un aperitivo, y si pierde... ¡otro aperitivo!

- Lleva siempre encima la cámara de fotos.

- Regala flores o un obsequio muy especial a tu hija en cualquier ceremonia de entrega de premios.

- Abrázalo efusivamente y dale «descalabrantes» palmaditas en la espalda después de cada evento, tanto público como privado.

# Descubre alguna pasión compartida

La vida de Matt giraba en torno a la escuela, sus amigos y su profunda pasión por el hockey. En invierno, jugaba un partido cada tarde en la pista municipal. Asimismo, grababa todos los partidos profesionales favoritos de la televisión y los veía por la noche, cuando en casa todos dormían. Le encantaban los jerséis de sus ídolos y tenía las paredes repletas de pósters. Cada mañana, mientras desayunaba, Matt repasaba las estadísticas deportivas en el periódico. No sabía hablar de otra cosa.

Muchos padres consideraban que la energía que invertía en el hockey era un verdadero desperdicio. Incluso decían que sería preferible que olvidara aquella «preocupación» y que dedicara su tiempo al estudio o al voluntariado. Pero, en realidad, lo que estaban haciendo era dejar pasar la increíble oportunidad de establecer una profunda y duradera conexión con sus hijos a través del desarrollo de una pasión compartida.

Si observas con atención los intereses de tu hijo, descubrirás como mínimo uno de ellos en el que puedes participar. Podrías ser el alumno y él el maestro, una extraordinaria ocasión, por cierto, de aprender muchísimas cosas nuevas que ya habías olvidado y de comprenderlo mejor. Así, por ejemplo, si fueras el padre o la madre de Matt, podrías ver con él los partidos de hockey en la televisión o ir a un partido juntos. Deja que te introduzca en los entresijos del deporte y que su entusiasmo te inspire. Puedes leer libros o buscar información en Internet para estar al día y poder así discutir con él una infinidad de aspectos relacionados con el juego. Fomenta tu entusiasmo por el deporte aunque sólo sea porque amas a tu hijo. El esfuerzo que dediques dará a entender a tu hijo lo importante que es para ti.

Asimismo, como beneficio añadido, las mejores charlas surgen mientras se está realizando una actividad conjunta. El adolescente no se sentirá «obligado» y la conversación fluirá con una absoluta facilidad. Podréis hablar de otras cuestiones de su vida, desde las clases hasta los novios o novias.

Busca algo que despierte la curiosidad de los dos. A Beth le encantaba diseñar e imprimir sus propias tarjetas de felicitación e invitó a su hija Jenny, artista y creativa, a participar en su hobby. Durante un año pasaron largas horas juntas en la mesa de la cocina diseñando bonitas tarjetas, que ahora, por cierto, se venden en las ferias de arte. Recientemente, a Jenny la contrataron para producir sus propias tarjetas en una tienda de regalos.

Si quieres encontrar un pasatiempo compartido, traza una línea vertical en una hoja de papel. En un lado anota tus aficiones, y en el otro las de tu hijo. Luego señala las más similares o las que coincidan. Si no consigues descubrir proyectos en común, revisa detenidamente la lista de tu hijo. Tal vez alguno de sus hobbies pueda despertar tu curiosidad. Hazle preguntas, plantéale cuestiones relacionadas con esa actividad y deja entrever una verdadera pasión e interés prestando atención a sus descripciones y conocimientos. Dale a entender cuánto valoras el tiempo que ha dedicado a explicártelo y procura reservar algún momento para compartir ese proyecto.

Quinta parte

¿Cuál es el límite de la independencia?

Refuerza el vínculo cocinando juntos

¿Alguna vez has entrado en una habitación de la casa y has percibido un aroma que evoca recuerdos felices de la infancia? ¿Recuerdas cuando aún no llegabas a la encimera de la cocina para ver las galletas que estaba amasando mamá o te ponías de pie en una silla con un bonito delantal y la ayudabas a fregar los platos? A medida que fuiste creciendo, tuviste la fortuna de participar de la alegría familiar en innumerables comidas especiales en los días más señalados del año, todos reunidos alrededor de la mesa, en una sucesión de risas y anécdotas y un sentimiento de proximidad entre todos los presentes. El comedor era un punto de encuentro donde poder disfrutar de la compañía de los seres queridos. Ahora puedes convertir la cocina en uno de los recuerdos más cálidos de tu hijo, una reminiscencia de un amor incondicional.

En tu mundo acelerado, ya es de por sí difícil imaginar cómo consigues tener tiempo de cocinar, como para que encima tengas que enseñar a alguien a hacerlo. Las comidas suelen ser apresuradas, con una infinidad de tareas domésticas que hacer y expedientes de trabajo acumulados que no queda otro remedio que solucionar en casa. La comida rápida es muy habitual, y una dieta equilibrada es más una cuestión de suerte que de planificación. Los platos y las sartenes se amontonan en el fregadero, y disuaden incluso al cocinero más entusiasta.

Invita a tu hijo a la cocina. Cocinar juntos hace que parezca más un placer que una tarea. Puede preparar una ensalada, inventar un plato original o experimentar con diferentes especias. Un adolescente comparó varias recetas hasta que decidió cuál sería la mejor manera de cocinar un salmón al grill. Tal fue su éxito que ahora se encarga de todo cuanto hay que asar al grill en casa. Es exquisito.

Tardarás algún tiempo en enseñarle, pero estos momentos juntos fortalecerán vuestra relación. Sugiérele que empiece con algo que le interese. Cuanto mejor se lo pase, más oportunidades tendrás de que quiera compartir un rato contigo en la cocina.

Mientras aprende a interpretar una receta culinaria, desarrollará sus técnicas de organización. Enséñale a medir un líquido y por qué tiene que ser muy preciso al usar el horno o preparar un guiso. Empieza con recetas sencillas, con un máximo de seis ingredientes, como por ejemplo un pollo asado o unas galletas. Enséñale luego a confeccionar una lista de la compra, anotando todos los productos que necesita para preparar la receta que haya elegido. Muéstrale cómo se elabora una comida equilibrada con proteínas, hidratos de carbono, verduras y fruta para que sepa elegir con cuidado lo que conviene y no conviene comer. Cómprale un recetario de cocina con recetas rápidas y fáciles de interpretar. A medida que vaya dominando las bases y demuestre interés, «gradúalo» con recetarios más complejos. Nómbralo «aprendiz de chef».

Trasladad este sentimiento afectivo a la mesa familiar y deja que fluya la conversación. Disfrutad de la cena y no os apresuréis a terminar cuanto antes para enfrascaros en otra actividad. Vivir en familia enriquece. Pregúntale cómo ha pasado el día y préstale toda tu atención. Veamos algunas sugerencias:

- Cuenta anécdotas divertidas.
- Pregúntale acerca de su música favorita.
- Valora sus objetivos y sus sueños.
- Habla de los libros que has leído.
- Habla de política y de temas de actualidad.

# Retener y dejar marchar

Colin había aprobado el examen de conducir aquella misma mañana y sus padres le habían dejado el coche para ir a la escuela. Era la primera vez. Su madre le acompañó hasta el vehículo y le dio un cariñoso abrazo, reteniéndolo unos instantes entre sus brazos. Sabía que con su nueva libertad, su hijo estaba entrando en un capítulo diferente de su vida. Mientras seguía abrazándolo con fuerza, Colin dijo: «Mamá, ahora tengo que marcharme, ¿de acuerdo? ¿Me sueltas ya, mamá? Me estás asfixiando. No te preocupes, todo irá bien». Su madre permaneció en pie junto a la verja del jardín viéndolo marchar hasta que el coche desapareció en la lejanía.

Hay una finísima línea entre retener y ceder. Por un lado, quieres seguir estando presente y activo en la vida del adolescente, y por otro, deseas que sea capaz de independizarse y tomar sus propias decisiones (¡acertadas!), encaminándose hacia un futuro rebosante de éxitos al término de la escolaridad. Te preguntas: «Cuánto es suficiente? ¿Puedo confiar en que mi hijo tomará buenas decisiones?».

El sentimiento de protección es natural, y más teniendo en cuenta que has desempeñado este rol durante muchos años. Sobre la base de tu experiencia como adolescente y como padre, puedes anticipar los posibles peligros y riesgos, dificultando aún más si cabe el proceso de dar un paso atrás y dejarlo marchar. Desde luego, no todas las decisiones que va a tomar serán las más apropiadas en cada situación, pero cometiendo errores aprenderá importantes lecciones en la vida en un ámbito de relativa seguridad.

Imagina una cuerda atada en la cintura. A medida que tu hijo toma decisiones más y más responsables, sueltas unos centímetros, hasta que por último, cuando te satisface su comportamiento, la cortas, confiando en que regresará sano y salvo. Animándolo a caminar solo, potenciarás su espíritu de coraje ante situaciones difíciles.

Mientras el adolescente va creciendo y cambiando, también tú experimentas una crisis en tu propio desarrollo, que determinará lo que harás en el futuro. Con más tiempo libre en el horizonte, podrías reflexionar sobre aquello en lo que será diferente en tu vida. Echa la vista atrás y descubre si hay algo que has estado esperando poder hacer y que tus obligaciones como madre te lo han impedido. Tal vez te seduzca la idea de estudiar, desarrollar un nuevo hobby o redecorar tu casa. Incluso podrías hacer un viaje con tu pareja para fortalecer vuestra relación y celebrar esta nueva etapa en vuestro matrimonio.

Cuando te sientas ansioso por los balbuceantes inicios de tu hijo en su nueva fase de la vida, confecciona una lista de lo que necesitará en el siguiente curso o en su nuevo apartamento. Si es necesario, habla con otros padres de adolescentes. Luego empieza a comprarlo, al igual que lo hiciste cuando preparabas su llegada. Podrías enviarle unas cuantas fotos familiares y escribir una nota especial para cada uno de los días de su primer mes fuera del hogar.

¡Enhorabuena! Has criado y educado a un adolescente, has velado por su salud y has disfrutado de sus besos y abrazos mientras se preparaba para explorar nuevos horizontes. Tu hijo está pasando de la dependencia a la independencia. A partir de ahora sólo podrás retenerlo con amor..., ¡aunque sus galletas favoritas también pueden ayudar!

Fomenta su independencia

El padre de Joe dio un gran abrazo a su hijo después de dejar la última caja de enseres personales en el recibidor del que iba a ser su nuevo apartamento. «Estoy muy orgulloso de ti, hijo», le dijo con los ojos llenos de lágrimas. «Eres un chico excelente. Sé que estarás muy bien aquí.» Mientras se daba la vuelta para dirigirse al ascensor, Joe susurró: «Papá, te echaré de menos». Por muy duro que fuera aquel momento, su padre sabía que había hecho cuanto había estado en su mano para prepararlo en su nueva etapa de independencia en la vida lejos de la familia.

Educar a un adolescente autosuficiente requiere valor y determinación. Debes ceder control poquito a poco y guiarlo a través de la adolescencia sin manipularlo. Estos años pueden ser aterradores: «¿Habré sido capaz de enseñarle a hacer bien las cosas?».

Ahora, al darle mayor independencia, te preocuparás menos mientras se aleja de tu ojo vigilante. Anímalo a conseguir un trabajo y a aprender a administrar el dinero. Acompáñalo al banco y ábrele una cuenta de ahorro. Sugiérele que ingrese una buena parte de sus ganancias en la cuenta para cubrir los gastos de su formación académica y para hacer frente a los imprevistos. Enséñale a confeccionar un presupuesto mensual para que, cuando el dinero escasee, tenga lo suficiente para vivir.

Para potenciar el pensamiento independiente, siéntate con él y confeccionad juntos una lista de la compra y luego id al supermercado para comparar precios y productos, recordándole la importancia de leer la etiqueta. Pero eso no es todo. Debe aprender a desempaquetar los productos, a lavar la fruta y las verduras antes de guardarlas en el frigorífico y a congelar la carne inmediatamente.

Abre el costurero, saca una aguja, enséñale a enhebrar el hilo y a coser un botón. También deberá aprender a planchar sus camisas, a llevar las prendas de vestir a la tintorería y a hacer la colada. Dile lo que tiene que hacer para llamar un taxi por teléfono, reparar un electrodoméstico y concertar visitas con el médico, aconsejándole qué medicamentos debe tomar si tiene fiebre o está resfriado.

Fortalece su autoconfianza y capacidad de recursos para sortear los conflictos de la vida diaria y los dilemas futuros. Felicítalo cuando lo consiga y apóyalo cuando fracase. Aplaude sus esfuerzos y congratúlate de sus éxitos. Oriéntalo sin darle respuestas ante los nuevos desafíos. Estimula su sentido de la responsabilidad a la hora de revisar todas las alternativas y a solucionar los problemas por sí solo, y deja que acuda a ti única y exclusivamente cuando haya agotado todos los recursos.

Ten fe en que tu hijo conservará los valores que le has inculcado. Cree en él; es capaz y fuerte. Confía en el proceso de independencia, recordando que sólo a él le corresponde abandonar el hogar familiar para poder entrar en un mundo nuevo. Enséñale a no rendirse ante una situación que pueda parecer desesperada y a ser valiente cuando se sienta solo. Cuando por fin dejes volar a tu hijo, procura que ya haya experimentado el sentimiento de libertad.

Recompensa su creciente autonomía

El padre de Scott había estudiado en una prestigiosa universidad y había previsto que su hijo también ingresara en ella. Al aproximarse la hora de visitar los distintos campus, programó con afán un tour por su centro predilecto. Pero Scott declinó la invitación. Aun siendo muy difícil para él olvidarse de su sueño, lo comprendió. Su hijo deseaba elegir por sí mismo sin estar a la sombra de su padre.

Establecer la individualidad es muy importante para la independencia emocional y psicológica, y un proceso necesario que puede resultar estresante tanto para ti como para él. En ocasiones, puede parecer que el adolescente se empeña en echar por los suelos todos tus valores. Si vistes con elegancia, tal vez él opte por un atuendo estrafalario. Su habitación quizá sea caótica, lleve prendas que no van a juego y el pelo demasiado largo, pero esta rebeldía es una buena señal de que se está desarrollando con normalidad. Está en el proceso de descubrir lo que cree y lo que es importante para él, y precisamente cuando tengas la sensación de que está a punto de arrojar tus valores por la ventana, distinguirás un destello de esperanza.

Enséñale que la autonomía conlleva nuevas responsabilidades, no derechos, y que a medida que las vaya asumiendo, aumentarás sus privilegios. Sus nuevas tareas podrían consistir, por ejemplo, en dedicar diez horas semanales a los quehaceres domésticos, potenciando su ética de trabajo y su capacidad de vivir con independencia. También podría empezar a pagar el alquiler de las películas de vídeo, excursiones y restaurantes de comida rápida.

Tu objetivo es enseñarle a ser autosuficiente, un proceso que se inició ya muchos años atrás pero que adquiere un nuevo sentido de urgencia en la adolescencia. Tiene que comprender que para que puedas confiar en él, su comportamiento y decisiones deben ser predecibles. A medida que vayan transcurriendo los meses y muestre un comportamiento responsable, reduce la rigidez de las reglas. Si llega a la hora prevista todas las noches y te avisa cuando surge un imprevisto, amplía el horario de «toque de queda» familiar en circunstancias especiales. Dale a entender que te has dado cuenta de que está tomando decisiones correctas y que estás dispuesto a cederle más autoridad sobre su vida diaria. Hazle saber que sus decisiones también afectan a los demás.

Sé coherente y evita el control psicológico, pero si hace caso omiso de tus palabras, recupera la disciplina anterior. Cualquier infracción de las reglas familiares indica claramente que todavía no está preparado.

Debes educar a un adolescente independiente capaz de tomar decisiones acertadas que incidan positivamente en su futuro. Independizarse requiere una extraordinaria dosis de energía. Proporciónale un paracaídas. Podrías empezar de la forma siguiente:

- Recuerda tu adolescencia, los temores y las esperanzas.

- Aumenta su responsabilidad para consigo mismo y la familia.

- Ofrécele medios para resolver problemas y tomar buenas decisiones.

- Ayúdalo a anticipar las situaciones peligrosas.

- Anímalo a meditar las decisiones y sus posibles consecuencias.

Capacidad de resistencia

Tony había sido un bebé irritable y, de pequeñito, un niño caprichoso y temperamental. Su madre decía que en más de una ocasión se había preguntado si no hubiera sido mejor para él haber nacido en una familia con más recursos y más posibilidades. En la etapa escolar, todos sus compañeros se mofaban de él e incluso ignoraban su presencia, por lo que se volvió extremadamente introvertido. En primaria, ni siquiera tenía un amigo al que llamar o con el que charlar. Pero aun así, su madre nunca se dio por vencida. Durante la etapa de enseñanza secundaria le ayudaba cada noche con la montaña de deberes que no parecía tener fin y le animaba a participar en algunas actividades extraescolares. Cuando Tony ingresó en la universidad, era un muchacho tímido pero seguro de sí mismo. Hoy en día, es un prestigioso psiquiatra especializado en niños y adolescentes. En la facultad de medicina descubrió que sufría un trastorno por déficit de atención.

La capacidad de resistencia es indispensable para proteger al adolescente de la vorágine y la tensión del entorno que lo rodea. Es la fuerza que le permite enfrentarse a los retos y encaminarse hacia un futuro trascendental. La capacidad de resistencia, que se desarrolla gradualmente a lo largo de los años, desemboca en un espíritu tenaz que no se rinde ante las dificultades y desengaños.

Algunas investigaciones han llegado a la conclusión de que los adolescentes necesitan un adulto que los acepte incondicionalmente, contrarrestando el peso de otros que podrían rechazarlos o perjudicarlos. Tú puedes ser esta persona que estimule el coraje. Tu relación padre/hijo motiva a tu hijo a triunfar y a reaccionar frente a la adversidad. La calidad de tu apoyo le dice que es valioso e importante para ti. Como adolescente perseverante, acabará creyendo firmemente en sus capacidades, será capaz de actuar independientemente de sus iguales y no prestará atención a lo que los demás piensen de él. No sólo aprenderá a valorar su individualidad, sino que reconocerá y desarrollará sus extraordinarios talentos.

Enséñale a distinguir una cuestión de un problema, y descubre formas creativas de abordarlos. Debe aprender a reenfocar la perspectiva, visualizando las situaciones negativas de un modo más positivo, y considerando los errores como parte del proceso de aprendizaje, y no como fracasos. Enséñale a perfeccionar sus técnicas de pensamiento crítico hablándole de los problemas del mundo y concretando soluciones. Pregúntale: «¿Qué harías si de ti dependiera?», sin sugerirle respuestas.

Anima a tu hijo a participar en un mínimo de dos actividades o proyectos extraescolares, y si no es posible, introdúcelo en el voluntariado con un nuevo compromiso semestral. Si le ofreces tu tiempo y tus recursos crearás un sentimiento de pertenencia y facilitarás la adquisición de extraordinarias habilidades sociales que perdurarán a lo largo de toda su vida. No te rindas jamás. La capacidad de resistencia se aprende, y sólo tú puedes enseñársela.

Veamos algunas características de un hogar que fomenta la capacidad de resisencia:

- Espíritu democrático
- Respeto
- Empatía
- Paciencia
- Solidaridad
- Inventiva
- Orientación a los objetivos
- Sinceridad
- Creatividad

- Resolución de problemas
- Confianza y esperanza
- Optimismo
- Autoconsciencia
- Habilidad

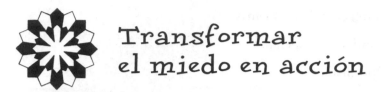

Transformar el miedo en acción

A muchos padres les asusta un poco pensar en la adolescencia de sus hijos. Los vigilarán menos y disfrutarán de más libertad que antes. En ocasiones, podrías tener la sensación de estar esquiando a tumba abierta por la ladera de una montaña sin bastones de apoyo. Confías en que este viaje termine bien, pero aun así te asalta una infinidad de ideas acerca de lo que podría ocurrir.

El miedo puede ser un obstáculo para los padres y sus hijos. Algunos son más protectores, mientras que otros hacen todo lo posible por no pensar en lo que podría salir mal. La verdad es que el mundo ha sido siempre un lugar peligroso, aunque la mayoría de los adolescentes consiguen llegar a buen puerto a pesar de nuestras preocupaciones. La diferencia entre los que tienen éxito y los que fracasan reside en la capacidad de inventiva y una exquisita habilidad para solucionar los problemas.

Juega a «¿qué sucedería si...?» con tu hijo. «¿Qué harías si se te pinchara un neumático o se te averiara el coche?» «¿Qué harías si fueras a una fiesta en la que te sintieras incómodo?» «¿Qué harías si llamaras a casa por teléfono y no hubiera nadie?» «¿Qué harías entonces?» Varía las preguntas y sé más específico a medida que vaya aumentando su capacidad de resolución de problemas. Puedes preguntar: «Si estuvieras conectado en el Messenger, en Internet, y de pronto una persona interesante comunicara contigo, ¿cómo reaccionarías?». «¿Qué harías si esta persona te pidiera verte?» «¿Qué sucedería si, después de una cita, todo avanzara más rápido de lo que desearías?» Si no es capaz de dar respuesta a estos problemas, pon manos a la obra e inicia el proceso de enseñanza de lógica y razonamiento.

La inventiva es una forma de pensar. Como la conexión más íntima y valiosa que eres para él con este mundo, le puedes ayudar a desarrollar la habilidad de crear estrategias para utilizarlas posteriormente en situaciones complejas. Preséntale escenarios realistas con los que se pueda relacionar y acompáñalo paso a paso hasta la resolución del problema. Si se encalla al dar un paso, proporciónale sólo dos o tres alternativas que le podrían permitir seguir avanzando y dar el paso siguiente.

Cuando el adolescente se encuentre ante una nueva situación en la vida, pregúntale qué habría podido hacer diferente y cómo influiría en el resultado. Cuéntale episodios difíciles que hayas tenido que afrontar y cómo te las ingeniaste para salir de ellos airosamente, o háblale de cuando carecías de inventiva y fuiste incapaz de superar un obstáculo. «¿Cómo habrías solucionado la situación?»

Es muy probable que no todas las decisiones de tu hijo sean acertadas, independientemente de cuánto hayáis practicado. Si se halla ante un dilema y no sabe cómo salir de él, sugiérele que trace una línea vertical en una hoja de papel. En un lado, describirá todos los factores del problema, y en el otro, enumerará las posibles soluciones. No debe reflexionar demasiado; la generación de soluciones tiene que ser espontánea. Luego, dile que las ordene numéricamente, de mejor a peor. A continuación, y después de describir alguna situación similar en la que se haya encontrado en el pasado, pregúntale cómo resolvió el problema en una escala del uno al diez, donde cinco es la mejor solución. Cuando tenga que resolver un problema, debe ceñirse siempre al uso de una escala de orden numérico.

Veamos algunas formas de aumentar el cociente de inventiva de tu hijo:

- Enséñale a cambiar un neumático, a arrancar un coche empujándolo o haciendo un puente, y a quién debe llamar en caso de accidente.

- Enséñale a dar propinas en un restaurante.

- Enséñale a llamar un taxi o a consultar el horario de autobuses y trenes.

- Enséñale cuanto debe hacer para presentar una candidatura a un puesto de trabajo y cómo conservarlo.

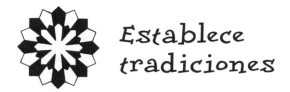

Establece tradiciones

Las tradiciones te definen como miembro de una familia y conectan el pasado al presente. Son formas especiales que tiene la familia de celebrar la vida, las vacaciones o los días festivos. Las tradiciones, con sus recuerdos de sonidos, aromas y sabores inconfundibles, unen una generación con la siguiente.

Es posible que ni siquiera te des cuenta de que has establecido estas costumbres hasta que intentas hacer algo diferente. Tal vez la cálida fragancia de un pan de jengibre recién cocido anuncie la Navidad, los adornos, el belén, el árbol, los villancicos...

Envuelve a tu familia en una manta protectora conservando tus tradiciones.

Coloca una vela en la ventana. Al llegar, los miembros de la familia que viven lejos sabrán que estás esperando su retorno.

Enciende la chimenea. Enciende la chimenea en las noches frías de invierno para crear calidez, seguridad y un refugio en la tormenta.

Ata una cinta amarilla. Da la bienvenida a los familiares a los que no has visto desde hace mucho tiempo con una cinta amarilla en la verja o la puerta principal de la casa.

Cumpleaños. Haz de ellos un día especial. Cuelga una pancarta en el jardín o el patio, hornea un pastel, lava el coche de tu hijo o pégale una nota en el espejo retrovisor: «Soy tan feliz de que nacieras...».

Día de San Valentín. Hornea galletas de azúcar o una tarta en forma de corazón. Añade colorante para alimentos de color rojo o dibuja con gelatina roja un corazón en la nieve.

Semana Santa. Llena pequeños huevos de plástico con monedas o cheques canjeables por obsequios. Decora huevos hervidos con lentejuelas o cintas. Esparce harina alrededor de la puerta principal de la casa y simula las huellas de un conejito.

Graduación. Confecciona un tablero con fotografías de tu hijo desde la infancia hasta la graduación o ved vídeos domésticos. Escribe una carta especial para su graduación o prepara una merienda o una cena de gala e invita a toda la familia.

Navidad. Pon música navideña mientras decoras la casa. Llena los calcetines con regalos originales o construye guirnaldas y centros para la mesa con ramas de abeto.

Noche de Fin de Año. Prepara un menú especial para tomar a las once de la noche. Ten a mano sombreritos de fiesta, serpentinas y espantasuegras, y recibid el Año Nuevo con las doce uvas de la suerte.

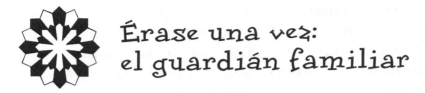

Érase una vez: el guardián familiar

Desde su más tierna infancia, Kaity había oído incontables historias de las generaciones de mujeres con carácter de su familia. Habían sobrevivido a huracanes, guerras y la pérdida de sus bebés y seres queridos. En todos los casos, consiguieron imponerse a la adversidad. Y cada vez que caían rendidas por la fatiga, se ponían de nuevo en pie y seguían adelante, con más fuerza que antes. Kaity creció con la absoluta certeza de que también ella era una mujer fuerte y que formaba parte de un extraordinario legado de mujeres que no sólo sobrevivieron, sino que también se esforzaron para hacerlo con gran tesón.

Tu hijo es algo parecido a un mosaico de recuerdos, tradiciones e historia familiar unidos entre sí por el amor, el perdón, la leyenda y la verdad. Para convertirte en el guardián de la familia, el historiador y el «adhesivo» que fortalece los vínculos familiares, primero tienes que elegir un tema familiar positivo, como por ejemplo, «El Triunfo sobre la Adversidad», «Persevera ante las Dificultades» y «Loado sea el que Da» (alguien que lo tiene todo pero que se esfuerza por mejorar la vida de los demás). Cualquiera que sea el tema elegido, aplícalo a la historia familiar. Incluso en las familias más heterogéneas es posible descubrir acciones positivas que lo refrenden. Contar cuentos es una forma sencilla y amena de instilar al adolescente los valores de las personas que conoce o de las que ha oído hablar a lo largo de los años. Las sagas se integrarán rápidamente en su historia personal, vinculando así a sus ancestros en su pasado y su futuro.

Erígete en un trovador, un mago y un cuentacuentos. Empieza pronto y entrelaza estos relatos de fuerza, compasión, sabiduría y generosidad en su experiencia. Deja que las raíces penetren en la tierra y que reciban el alimento de quienes lo precedieron para que tu hijo se convierta en lo que realmente será.

Todos necesitamos un héroe o una heroína. Busca uno o más de uno en tu familia y explica a tu hijo en qué se parece a los héroes familiares estableciendo un nexo entre ellos. Estas similitudes pueden incluir la ambición de tu hijo, su humor o la forma en que afronta un problema. Confecciona una leyenda de acontecimientos para ayudarlo a descubrir con quién está unido mediante vínculos indisolubles.

Utiliza fotos antiguas para crear una leyenda visual. Confecciona un álbum con breves anotaciones debajo de cada foto y en orden cronológico. Resigue la secuencia de la vida de tu hijo y muéstrale quién ha estado relacionado con él a lo largo de los años. A través de las historias aprenderá cuál es el verdadero valor de la extraordinaria herencia de su familia. Explora tus antepasados y diseña un árbol genealógico. Llévalo de visita a la casa donde nació o a los prados en los que solía jugar. Este proceso de aprendizaje lo unirá para siempre a su familia y generará un sentimiento de pertenencia.

Una adolescente estaba estudiando empresariales en la universidad, decidió dejar la carrera y matricularse en la de psicología. Dijo a su padre: «No sé por qué, pero siento la necesidad de estudiar algo con lo que pueda ayudar a los más menesterosos». Su padre trabajaba en el mundo de los negocios y dedicó un tiempo más que considerable a demostrarle cómo podría hacerlo en aquel campo. Sin embargo, y a pesar de los esfuerzos de su padre, los largos años escuchando historias de los miembros de la familia que habían luchado en las guerras, trabajado en orfanatos y practicado la medicina en áreas asoladas por la pobreza crearon en ella una imperiosa necesidad de seguir la tradición.

La familia es el marco de referencia de la vida del adolescente. Cuando decides tener un hijo, también estás decidiendo desarrollar un alma humana intrínseca al ser que has traído al mundo. Quieres que se convierta en un miembro responsable y productivo de la familia. Aprenderá a través de tus enseñanzas y descubrirá la inmensa dicha de saber por qué está aquí.

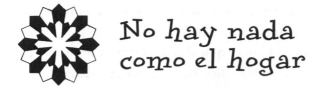

No hay nada como el hogar

El labio inferior de Stephen temblaba mientras decía adiós a su madre antes de entrar en la clase de primero. Ella sonrió con compasión, se inclinó y le besó en la palma de la mano, dejándole la marca de la barra de labios claramente impresa. Cerrando sus dedos, dijo: «Cuando tengas miedo Stephen, abre la mano y estaré contigo». Doce años más tarde, el muchacho, alto y espigado, se detuvo para besar a su madre antes de ir a la escuela. Envuelta en sus brazos, pudo sentir que su cuerpo temblaba. Al igual que en aquella ocasión, su madre cogió suavemente la mano de su hijo, le abrió la palma y la besó. Sonriendo con lágrimas en los ojos, musitó: «Stephen, siempre estaré contigo».

En nuestra sociedad móvil, es posible que hayas vivido en muchas casas, pero en realidad eres tú el «hogar», y allí estará vayas adonde vayas. El hogar es el refugio al que puede regresar el adolescente cuando necesita consuelo, amor y aceptación. Eres y siempre serás la influencia número uno en su vida. Se siente seguro en casa, bañado por una neblina de recuerdos de celebración y aprecio. Aunque luche por conseguir una mayor independencia, sigue estando asustado e inseguro ante lo que le espera en cada recodo del camino.

Tu hijo necesita el mismo amor y atención que cuando era niño. Le proporcionas la red de seguridad del trapecista cuando yerra o se siente desanimado. A través de tu dedicación y compromiso para darle amor, paz y armonía en el hogar, has creado para él un lugar resguardado en el que refugiarse en tiempos de crisis. La familia es el único grupo al que se siente unido por un profundo sentimiento de pertenencia.

Aunque ponga a prueba constantemente tus decisiones, necesita el confort de los estándares y rituales que has establecido. Se siente a salvo, sabiendo que se celebrarán sus cumpleaños y que su bienestar es prioritario. Tu hijo sabe perfectamente qué comportamientos serán aplaudidos y cuáles serán objeto de debate. Tiene la seguridad de que su habitación seguirá estando allí cuando se haya marchado y que siempre lo abrazarás cuando esté triste. A través de sus años de comprensión y cuidado ha descubierto que no todos los días serán buenos, pero que mañana será mejor.

En casa ha aprendido a pedir lo que necesita y a dar sin esperar nada a cambio; a considerar los errores como experiencias de aprendizaje, y no sólo a ponerse de nuevo en pie, sino también a intentarlo con redobladas fuerzas. La perseverancia se ha convertido en una virtud, y la integridad en su principal atributo. A través de tu guía y orientación, cree que no hay nada imposible si se empeña en conseguirlo, y que el carácter es más que un simple acto de cariño.

Has creado un hogar de compasión, coraje y esperanza. Para conectar con tu hijo has trabajado con ahínco para averiguar cómo podrías ser el mejor padre posible. Independientemente de las dificultades, te enfrentas a estos años de la adolescencia con la creencia de que, decorando tu casa con amor y comprensión, se puede convertir en su piedra angular cuando necesite tranquilidad antes de dar la bienvenida al mundo.